俄罗斯武器大全（图鉴版）

世界武器大全系列丛书

《深度军事》编委会 ◎ 编著

清华大学出版社
北京

内 容 简 介

本书是介绍俄罗斯武器的军事科普图书，书中精心收录了冷战以来俄罗斯军队装备的近200款经典武器，涵盖军用飞机、军用舰船、军用车辆、重型火炮和导弹、单兵便携式武器等类型，完整呈现了俄罗斯军队的武器面貌。每款武器都配有精美的整体鉴赏图和局部特写图，帮助读者了解武器构造。为了增强图书的知识性和趣味性，每款武器都添加了一则趣味小知识，作为延伸阅读。

本书内容结构严谨，分析讲解透彻，图片精美丰富，适合广大军事爱好者阅读和收藏，也可以作为青少年的科普读物。

本书封面贴有清华大学出版社防伪标签，无标签者不得销售。
版权所有，侵权必究。举报：010-62782989，beiqinquan@tup.tsinghua.edu.cn。

图书在版编目(CIP)数据

俄罗斯武器大全：图鉴版 /《深度军事》编委会编著. —北京：清华大学出版社，2020.5
（2025.1 重印）
（世界武器大全系列丛书）
ISBN 978-7-302-54182-0

Ⅰ.①俄… Ⅱ.①深… Ⅲ.①武器装备—俄罗斯—图集 Ⅳ.① E512.45-64

中国版本图书馆 CIP 数据核字（2019）第 256712 号

责任编辑：李玉萍
封面设计：李　坤
责任校对：张彦彬
责任印制：沈　露

出版发行：清华大学出版社
　　　　　网　　址：https://www.tup.com.cn，https://www.wqxuetang.com
　　　　　地　　址：北京清华大学学研大厦 A 座　　邮　　编：100084
　　　　　社 总 机：010-83470000　　　　　　　　邮　　购：010-62786544
　　　　　投稿与读者服务：010-62776969，c-service@tup.tsinghua.edu.cn
　　　　　质 量 反 馈：010-62772015，zhiliang@tup.tsinghua.edu.cn
印 装 者：北京博海升彩色印刷有限公司
经　　销：全国新华书店
开　　本：146mm×210mm　　印　　张：6.875　　字　　数：176 千字
版　　次：2020 年 6 月第 1 版　　印　　次：2025 年 1 月第 7 次印刷
定　　价：45.00 元

产品编号：084604-01

前言

二战结束后,苏联和美国争霸长达数十年之久。在20世纪70年代巅峰时期,苏联一度在战略态势上压倒了美国,迫使美国不得不采取战略守势,整个欧洲都在苏联钢铁洪流的阴影之下。1991年12月25日苏联解体后,最大加盟国俄罗斯继承了苏联大部分军事力量。

在苏联解体后,俄罗斯经济经历了最失落的十年和最辉煌的十年,在这之后俄罗斯经济因为全球金融危机、油价暴跌、西方制裁等因素一直没有太大起色,目前俄罗斯经济的年增长率还不到2%。在2018年,俄罗斯GDP总量约1.6万亿美元,经济低迷不可避免地严重影响到俄罗斯军队的发展建设。

不过,在目前的国际体系中,俄罗斯仍然是具有较大影响力的强国,其军工实力雄厚,特别是航空航天技术,居世界前列。根据瑞典智库斯德哥尔摩国际和平研究所发布的报告,2017年俄罗斯军售总额为377亿美元,仅次于美国(2600亿美元)居世界第二,2018年更是达到了500亿美元。毫无疑问,虽然俄罗斯的军工实力已不复苏联时代的风光,但仍在世界上占有重要地位。

本书是介绍俄罗斯武器的军事科普图书,全书共分为6章,第一章简明扼要地介绍了俄罗斯军队的组织架构、军种划分、征募制度,其他各章分别介绍了俄军现役或退役不久的重要飞机、舰船、车辆、重型火炮和导弹、单兵便携式武器,基本涵盖了俄罗斯各大军种的核心武器。通过阅读本书,读者可以全面认识俄军武器,并在一定程度上了解俄军的武器发展脉络和军队实力。对于想要进一步学习军事知识的读者，本书还设有配套的电子书，读者可以使用手机扫描书中二维码，进行拓展阅读。

  本书是真正面向军事爱好者的基础图书，编写团队拥有丰富的军事图书写作经验，并已出版了许多畅销全国的图书作品。与同类图书相比，本书不仅图文并茂，在资料来源上也更具权威性和准确性。同时，本书还拥有非常完善的售后服务，读者朋友可以通过电话、邮件、官方网站和微信公众号等多种途径提出您宝贵的意见和建议。

  本书由《深度军事》编委会创作，参与编写的人员有阳晓瑜、陈利华、高丽秋、龚川、何海涛、贺强、胡姝婷、黄启华、黎安芝、黎琪、黎绍文、卢刚、罗于华等。对于广大资深军事爱好者，以及有意了解国防军事知识的青少年来说，本书不失为有价值的科普读物。希望读者朋友们能够通过阅读本书，循序渐进地提高自己的军事素养。

目 录

Chapter 01　俄罗斯军队概述 1
　　俄罗斯军队组织体系 2
　　俄罗斯军队军种简介 4
　　俄罗斯军队征募制度 9

Chapter 02　军用飞机 11
　　米格-15"柴捆"战斗机 12
　　米格-17"壁画"战斗机 13
　　米格-19"农夫"战斗机 14
　　米格-21"鱼窝"战斗机 15
　　米格-23"鞭挞者"战斗机 16
　　米格-25"狐蝠"战斗机 17
　　米格-29"支点"战斗机 18
　　米格-31"捕狐犬"战斗机 19
　　米格-35"支点F"战斗机 20
　　苏-7"装配匠A"战斗轰炸机 21
　　苏-17"装配匠"攻击机 22
　　苏-24"击剑手"战斗轰炸机 23
　　苏-25"蛙足"攻击机 24
　　苏-27"侧卫"战斗机 25
　　苏-30"侧卫C"战斗机 26
　　苏-33"侧卫D"战斗机 27
　　苏-34"后卫"战斗轰炸机 28
　　苏-35"侧卫E"战斗机 29
　　苏-57战斗机 30

雅克–38 战斗机 31
伊尔–28 "小猎犬"轰炸机 32
图–4 "公牛"轰炸机 33
图–16 "獾"轰炸机 34
图–95 "熊"轰炸机 35
图–22 "眼罩"轰炸机 36
图–22M "逆火"轰炸机 37
图–160 "海盗旗"轰炸机 38
别–6 "马奇"反潜机 39
别–12 "海鸥"反潜巡逻机 40
伊尔–38 "五月"反潜巡逻机 41
图–142 "熊 F"反潜巡逻机 42
伊尔–20 "黑鸭"电子战飞机 43
米格–25R "狐蝠"侦察机 44
A–50 "支柱"预警机 45
安–12 "幼狐"运输机 46
安–124 "秃鹰"运输机 47
伊尔–76 "耿直"运输机 48
伊尔–78 "大富翁"空中加油机 49
雅克–130 "手套"教练机 50
卡–25 "激素"直升机 51
卡–27 "蜗牛"直升机 52
米–24 "雌鹿"直升机 53
米–28 "浩劫"直升机 54
卡–50 "黑鲨"直升机 55
卡–52 "短吻鳄"直升机 56
卡–60 "逆戟鲸"直升机 57
卡–137 无人机 58
"鳐鱼"无人机 59

Chapter 03　军用舰船 61

"莫斯科"级直升机航空母舰 62
"基辅"级航空母舰 63
"库兹涅佐夫"号航空母舰 64

"克里斯塔Ⅰ"级巡洋舰 ... 65
"克里斯塔Ⅱ"级巡洋舰 ... 66
"金达"级巡洋舰 ... 67
"卡拉"级巡洋舰 ... 68
"基洛夫"级巡洋舰 ... 69
"光荣"级巡洋舰 ... 70
"卡辛"级驱逐舰 ... 71
"科特林"级驱逐舰 ... 72
"基尔丁"级驱逐舰 ... 73
"克鲁普尼"级驱逐舰 ... 74
"现代"级驱逐舰 ... 75
"无畏"级驱逐舰 ... 76
"无畏Ⅱ"级驱逐舰 ... 77
"克里瓦克"级护卫舰 ... 78
"格里莎"级护卫舰 ... 79
"不惧"级护卫舰 ... 80
"猎豹"级护卫舰 ... 81
"守护"级护卫舰 ... 82
"格里戈洛维奇"级护卫舰 ... 83
"戈尔什科夫"级护卫舰 ... 84
"十一月"级潜艇 ... 85
"维克托"级潜艇 ... 86
"阿尔法"级潜艇 ... 87
"塞拉"级潜艇 ... 88
"麦克"级潜艇 ... 89
"阿库拉"级潜艇 ... 90
"亚森"级潜艇 ... 91
"旅馆"级潜艇 ... 92
"杨基"级潜艇 ... 93
"德尔塔"级潜艇 ... 94
"台风"级潜艇 ... 95
"北风之神"级潜艇 ... 96
"查理"级潜艇 ... 97
"奥斯卡"级潜艇 ... 98

"基洛"级潜艇 ... 99
"拉达"级潜艇 ... 100
"短吻鳄"级坦克登陆舰 ... 101
"蟾蜍"级登陆舰 ... 102
"伊万·格林"级登陆舰 ... 103
"海鳝"级气垫登陆艇 ... 104
"野牛"级气垫登陆艇 ... 105
"儒艮"级登陆艇 ... 106
"娜佳"级扫雷舰 ... 107
"奥萨"级导弹艇 ... 108
"斯登卡"级巡逻艇 ... 109
"鲍里斯·奇利金"级补给油船 ... 110

Chapter 04　军用车辆 ... 112

T-10 重型坦克 ... 113
T-54/55 主战坦克 ... 114
T-62 主战坦克 ... 115
T-64 主战坦克 ... 116
T-72 主战坦克 ... 117
T-80 主战坦克 ... 118
T-90 主战坦克 ... 119
T-14 主战坦克 ... 120
BRDM-2 装甲车 ... 121
BMD-1 伞兵战车 ... 122
BMD-2 伞兵战车 ... 123
BMD-3 伞兵战车 ... 124
BMD-4 伞兵战车 ... 125
BMP-1 步兵战车 ... 126
BMP-2 步兵战车 ... 127
BMP-3 步兵战车 ... 128
BTR-60 装甲运兵车 ... 129
BTR-70 装甲运兵车 ... 130
BTR-80 装甲运兵车 ... 131
BTR-82 装甲运兵车 ... 132
"回旋镖"装甲运兵车 ... 133

"虎"式装甲车 134
　　IMR-2 战斗工程车 135
　　乌拉尔 4320 卡车 136

Chapter 05　重型火炮和导弹 137

　　BM-21 自行火箭炮 138
　　2S3 自行加榴炮 139
　　2S5 自行加农炮 140
　　2S9 自行迫击炮 141
　　2S19 自行榴弹炮 142
　　2S31 自行迫榴炮 143
　　2B9 迫击炮 144
　　P-15 反舰导弹 145
　　P-500 反舰导弹 146
　　Kh-35 反舰导弹 147
　　P-800 反舰导弹 148
　　3M-54 "俱乐部" 巡航导弹 149
　　R-33 空对空导弹 150
　　R-73 空对空导弹 151
　　R-77 空对空导弹 152
　　R-37 空对空导弹 153
　　2K22 自行防空系统 154
　　"铠甲-S1" 防空系统 155
　　2K12 "卡勃" 地对空导弹 156
　　9K330 "道尔" 地对空导弹 157
　　OTR-21 "圆点" 地对地导弹 158
　　OTR-23 "奥卡" 地对地导弹 159
　　RT-23 弹道导弹 160
　　RT-2PM "白杨" 弹道导弹 161
　　9K720 "伊斯坎德尔" 弹道导弹 162
　　RT-2PM2 "白杨 M" 弹道导弹 164

Chapter 06　单兵便携式武器 165

　　GSh-18 半自动手枪 166
　　MP-443 半自动手枪 167

PSS 微声手枪 168
PP-91 冲锋枪 169
PP-2000 冲锋枪 170
AK-74 突击步枪 171
AK-12 突击步枪 172
AN-94 突击步枪 174
OTs-14 突击步枪 177
AS 突击步枪 179
SVD 狙击步枪 180
SV-98 狙击步枪 182
OSV-96 狙击步枪 184
KSVK 狙击步枪 185
VSS 狙击步枪 186
VSK-94 狙击步枪 187
VKS 狙击步枪 188
T-5000 狙击步枪 189
Pecheneg 通用机枪 190
Kord 重机枪 192
GP-25 榴弹发射器 194
AGS-17 榴弹发射器 195
AGS-30 榴弹发射器 196
RG-6 榴弹发射器 197
DP-64 榴弹发射器 198
GM-94 榴弹发射器 199
RPG-7 反坦克火箭筒 201
SPG-9 无后坐力炮 202
9M14"婴儿"反坦克导弹 203
9M131"混血儿-M"反坦克导弹 204
AKM 刺刀 206

参考文献 207

Chapter 01

俄罗斯军队概述

俄罗斯联邦武装力量在中文语境中通常简称为"俄罗斯武装力量"或"俄军"。俄罗斯武装力量的最高指挥官为俄罗斯联邦总统。根据俄罗斯政府的定义,国家近卫军、边防军、铁道军并不属于"武装力量",而是定义为"其他类型武装力量"。

俄罗斯军队组织体系

俄罗斯武装力量的总司令为俄罗斯总统,俄罗斯联邦国防部负责俄罗斯武装力量的日常行政管理运作,它下辖总参谋部、媒体与信息局、装甲局、火箭炮兵局等机构,总参谋部负责军事训练。在苏联时代,总参谋长曾是苏军事实上的和主要的指挥官,但是现在的总参谋长的角色已经减弱为国防部内分管军事训练的主官,国防部长则获得对部队更大的指挥权限。

俄罗斯联邦国防部直属的部队如下:

☆ 3个军种:俄罗斯陆军、俄罗斯空天军和俄罗斯海军。

☆ 2个"独立兵种":空降军和战略火箭军。

☆ 俄军后勤部:负责医疗、消防、后勤、科研等服务以及维护铁路和管道等设施。与其他军种的后勤单位独立运作。

另外,俄罗斯联邦安全局控制的边防军,俄罗斯联邦安全会议控制的国家近卫军虽然不属于俄罗斯武装力量,但也会参与武装冲突。

俄罗斯武装力量的旗帜

俄罗斯联邦国防部徽章

总参谋部徽章

Chapter 01 俄罗斯军队概述

  1992 年到 2010 年，俄罗斯陆军共分为 6 个军区，即莫斯科军区、列宁格勒军区、北高加索军区、普里沃尔日斯克-乌拉尔军区、西伯利亚军区和远东军区。海军单位以相同方式编为 4 个舰队及 1 个分舰队。2010 年，根据 2008 年军事改革的要求，原有的 6 个军区被整合为 4 个军区（东部、中部、西部、南部），空军及海军部队也受其管辖。另外，在亚美尼亚还驻扎有第 102 军事基地。该基地改编自原来的外高加索集群，受南方军区管理。

  2010 年 9 月，德米特里·梅德韦杰夫签署了《关于俄罗斯联邦的军事行政区域划分》的第 1144 号总统令，宣布自 2010 年 12 月 1 日起，撤销原有 6 大军区，组建西部、南部、中央和东部 4 大军区，分别对应俄罗斯的 4 大战略方向；同时在新军区基础上，成立联合战略司令部，统一指挥军区辖区内各军兵种、地方强力部门和机构的部队。2014 年，北方舰队独立为北方联合战略指挥部。

  按地域划分，这 5 个指挥部分别为：

  ☆ 西方联合战略指挥部——西部军区（指挥部位于圣彼得堡），包括波罗的海舰队。

  ☆ 北方联合战略指挥部——北方舰队（指挥部位于北莫尔斯克）。

  ☆ 南方联合战略指挥部——南部军区（指挥部位于顿河畔罗斯托夫），包括黑海舰队和里海分舰队。

  ☆ 中央联合战略指挥部——中央军区（指挥部位于叶卡捷琳堡）。

  ☆ 东方联合战略指挥部——东部军区（指挥部位于哈巴罗夫斯克），包括太平洋舰队。

西部军区徽章

北方舰队徽章

南部军区徽章

中央军区徽章

东部军区徽章

俄罗斯军队军种简介

俄罗斯陆军

俄罗斯陆军（Russian Ground Forces）是俄罗斯武装部队的主体，并组建了以空降兵为基础的快速反应部队，拥有世界上一流的武器装备。

1992年5月，俄罗斯武装部队正式建立，它控制了俄罗斯境内，以及驻扎德国、波兰、波罗的海沿岸诸国的所有武装部队，同时还控制了驻摩达维亚的第14集团军、驻扎在南高加索诸共和国的苏联部队，驻中亚共和国的苏联部分部队也由俄罗斯控制。总计拥有苏联75%（280万）的军队，50%以上的军事装备和80%的战略核力量。经过多年的改革，几次大规模的裁军，俄罗斯武装力量实力情况一直在变化，通过对公开媒体材料的统计，2019年俄罗斯陆军拥有35万现役军人。

目前，俄罗斯陆军编有4个军区，8个集团军司令部，9个军司令部，52个师（坦克师12个、摩步师27个、空降师5个、机枪炮兵师4个、炮兵师4个），约47个炮兵旅/团，4个大口径炮兵旅，7个空降旅，2个独立坦克旅，17个独立摩步旅，8个特种部队旅，23个战役战术导弹旅，19个反坦克旅，28个地空导弹旅，20个战斗直升机团，8个突击运输直升机团，6个直升机训练团，以及其他部队。

俄罗斯陆军建设的主要目标是：在各种战争中保证陆军军团具有实施高效率、高度机动的战斗行动能力，并维持高度的战斗准备程度。俄罗斯陆军武器装备和军事技术装备优先发展的方向是：建立统一的军队指挥自动化和武器控制系统；发展多用途作战自动化系统;研制新的武器装备和技术兵器,尤其是精确导引武器;保证武器综合系统的高度机动性、生存性、抗干扰性、全天候能力和兼容性;减少武器装备和技术兵器的品种,缩短生产期限,减少生产成本。

俄罗斯陆军旗帜

训练中的俄罗斯陆军士兵

俄罗斯海军

俄罗斯海军(Russian Navy)是俄罗斯武装力量中的海军部分,总部位于圣彼得堡,拥有北方舰队、太平洋舰队、黑海舰队、波罗的海舰队和里海区舰队(与其他四大舰队并无隶属关系,在规模上小很多)。2019年,俄罗斯海军共有14.8万现役军人。

北方舰队是俄罗斯海军最庞大的舰队,司令部位于北莫尔斯克,主要锚地在摩尔曼斯克周边。无论是苏联时期还是当前,北方舰队的活动范围涵盖了整个北极圈、北大西洋以及加拿大周围水域;太平洋舰队的司令部位于符拉迪沃斯托克(海参崴),主要锚地是符拉迪沃斯托克(海参崴)和堪察加半岛上的彼得罗巴甫洛夫斯克;黑海舰队的主要锚地有塞瓦斯托波尔地区的塞瓦斯托波尔,尤日纳亚和卡兰提纳亚。另有锚地位于新罗西斯克;波罗的海舰队的锚地主要在喀琅施塔得和加里宁格勒州的波罗的斯克;里海区舰队被部署在里海,司令部位于阿斯特拉罕,另有锚地在马哈奇卡拉。

俄罗斯海军的每支舰队都至少附属有一个团的海军步兵。目前,俄罗斯海军步兵包括太平洋舰队所属的第55师,以及北方舰队和波罗的海舰队所属的海军步兵独立旅,以及黑海舰队和里海区舰队的海军步兵独立团。由于俄罗斯的战略与美英等传统远洋海军强国不同,因此俄罗斯海军步兵的输送能力、火力和独立作战能力都远远不及美国海军陆战队和英国海军陆战队。尽管如此,俄罗斯海军步兵仍然被视为俄罗斯两栖登陆作战的矛头和先锋,在作战中夺取登陆场,滩头阵地为陆军登陆部队开路。此外,俄罗斯海军步兵还进行伞降和直升机机降训练,并且装备了不少陆军的重型武器。

由于苏联解体和俄罗斯在20世纪90年代中期之前持续的经济低迷，俄罗斯海军的战斗力受到严重削弱。基本上没有新的舰艇服役，有限的资金仅被用于苏联时期已经在进行的造舰计划。尽管如此，仍然有大批造舰项目因经费原因下马。现有装备的维护也是一个很大的问题，不少海军装备因缺乏有效的管理和维护而完善率不高，事故频发。

俄罗斯海军旗帜

俄罗斯海军士兵参加阅兵式

俄罗斯空天军

俄罗斯空天军（Russian Aerospace Forces）于2015年8月1日由俄罗斯空军和俄罗斯空天防御兵合并而成，总部位于莫斯科。2019年，俄罗斯空天军约有49万现役军人。

俄罗斯空天军担负下列任务：抵御空天进攻，保护国土免受敌人空天武器的打击；使用常规武器与核武器对敌方目标实施打击；对可能攻击俄罗斯国土目标的导弹实施拦截；为其他军兵种部队提供航空保障；为最高指挥机关提供外军洲际弹道导弹发射与攻击预警；对太空目标进行监视，消除来自太空的威胁，必要时对其进行拦截；发射轨道航空器，控制军用卫星系统，利用卫星提供必要的军事信息保障；在规定体制内保持战备，运行军用卫星系统及其发射、控制设施。

目前，俄罗斯空天军主要由航空部队、航天部队、导弹防卫部队三部分组成。航空部队编为7个战役司令部，构成"战役司令部—空军基地（旅）—大队（团）"三级指挥结构。第1空防司令部归西部军区指挥，第2空防司令部归中部军区指挥，第3空防司令部归东部军区指挥，第4空防司令部归南部军区指挥。此外，还有空天防御战役战略司令部、军事运输航空兵司令部、远程航空兵司令部；航天部队由航天司令部指挥，下设季托夫测试和航天系统控制中心、导弹袭击预警主中心、航天情报中心；导弹防卫部队由航天防御司令部指挥，下设第9导弹防卫部（位于普希金诺）、第4导弹防卫旅（位于多尔戈普鲁德）、第5导弹防卫旅（位于维德诺耶）、第6导弹防卫旅（位于勒热夫）。

俄罗斯空天军旗帜

俄罗斯空天军航空部队装备的苏-57战斗机

俄罗斯空降军

俄罗斯空降军（Russian Airborne Troops）是一个和陆海空三军并列的独立军种，执行空降作战，直接受空降军司令官指挥，由数个空降师、旅组成，是俄罗斯联邦武装力量的重要战略组成部分，有"一号响应力量"之称。其前身是苏联空降军，在冷战时代拥有高达10万兵员的惊人规模。2019年，俄罗斯空降军约有7.2万现役军人。

俄罗斯空降军的兵员特征是身穿和水手一样的蓝白横纹汗衫，戴天蓝色贝雷帽。不像西方国家比较轻型化，通常只装备轻型车辆，轻型火炮的伞兵部队。俄罗斯空降军在其前身苏联空降军时期就大力重型化，开发了多种可以空投的装甲车辆，伞兵战车以及其他轻型车辆，甚至自行火炮。至今俄罗斯空降军拥有可以将装甲车辆搭载有乘员进行同时空投的武装力量。因此，俄罗斯空降军拥有极优的机动力和高于其他国家伞兵部队的装甲战斗力。

俄罗斯空降军旗帜

俄罗斯空降军参加阅兵式

俄罗斯战略火箭军

俄罗斯战略火箭军（Russian Strategic Rocket Forces），又称战略导弹部队，是俄罗斯联邦的战略打击部队，其地位同海陆空三军平等，受最高统帅部直接指挥。2019年，俄罗斯战略火箭军约有6万现役军人。

1959年12月17日，苏联决定成立战略火箭部队，1960年1月14日正式成立。战略火箭军的主要装备为装载有各式核弹头的洲际导弹、中程导弹，冷战期间是苏联同美国对抗的重要力量。苏联解体后由俄罗斯继承这支部队，但由于军费紧张，战略火箭军失去了苏联时代的风光，如今的俄罗斯战略火箭军大约配备有800枚各式导弹和3000多枚核弹头，拥有俄罗斯60%以上的核武器。

俄罗斯战略火箭军由军事委员会、司令部、政治部、后勤部、无线电技术兵部队、工程兵部队、测地部队、发射诸元准备部队、气象部队、化学兵部队、通信兵部队、修理技术部队、战略火箭部队组成。目前，俄罗斯战略火箭军共编成6个集团军，其中4个导弹集团军（下辖19个导弹师）、1个反导弹防御系统集团军和1个太空监视集团军。

俄罗斯战略火箭军旗帜

俄罗斯战略火箭军装备的"白杨"洲际弹道导弹

俄罗斯军队征募制度

1993年，俄罗斯决定放弃普遍义务兵役制，实行募兵制。但在2008年年底启动的《建设武装力量新面貌改革》中，俄军又放弃了建立完全职业化军队的发展目标，转而实行义务兵役制与合同兵役制相结合的混合兵役制度。

根据《俄罗斯联邦兵役义务与服役法》的规定，18～40岁的男性公民和20～40岁的女性公民有权签订第一份服役合同书。服合同役者必须符合下列条件：受过普通教育；受过专业培训；具备良好的道德和心理素质；体育训练达标。合同役的服役期限分别为3年、5年或10年。首次服合同役的公民签订服役合同的期限为：申请任士兵、军士职务者为3年；申请任准尉职务者为5年；申请任军官职务者为2年。要求服合同役的志愿者首先要向所在区(市)兵役委员会提交服役申请书，在申请书中写明本人所具有的军事专业和志愿服役的军兵种。兵役委员会收到申请书后，根据部队指挥员向相应干部部门提交的需求书（指明部队驻地、军职及编制规定的军衔，要求选择志愿者服合同役的军事专业、职务薪金和前往的必要手续），研究是否可满足志愿者的申请。

俄罗斯之所以实行混合兵役制度，主要是出于以下几方面的考虑：其一，国家安全环境发生变化，无须维持一支庞大的军队。苏联解体后，以美苏为代表的东西方两大集团的对抗消失，国际战略格局和俄罗斯的安全环境发生了重大变化。在新的形势下，俄罗斯认为已没有必要继续维持一支庞大的军队，因而也就需要对以普遍义务兵役制为基础的补充体制进行改革，以适应国家的现实需要。其二，加强军队质量建设，必须提高军队职业化水平。俄军组建后，受义务兵服役期的限制以及大规模裁军等影响,士兵素质有所下降,初级专业人员严重缺额,无法适应现代战争的要求。为贯彻《军事学说基本原则》所确定的军队建设目标、原则和任务,建成一支"人数相对不多、机动的、装备现代高效能武器、训练有素的武装力量",必须保留士兵中能熟练操纵军事技术装备的专业能手,提高军队职业化水平。其三,增加军队吸引力,解决补充危机。近年来,俄军的处境发生了重大变化。一方面,军队的政治地位下降,青年人保卫祖国的责任感淡化,义务兵役制的思想基础遭到严重破坏,兵役登记和征兵工作遇到前所未有的困难;另一方面,军人的物质待遇和社会保障不足,致使青年人"当兵的兴趣直线下降",拒服兵役者日趋增多,为缓解部队补充危机,俄罗斯政府在恢复爱国主义教育,强化义务兵役制的同时,拿出相当一部分资金,用于提高军人的物质待遇,以增加军队的吸引力。

参加红场阅兵的俄军士兵

Chapter 02

军用飞机

　　俄罗斯航空工业体系建立时间较早，科研体系成熟度也较高，但是受苏联解体的影响，航空工业的综合实力已经大幅落后于美国。俄罗斯军队现役的飞机有相当一部分是苏联时代遗留下来的老旧机型，新型飞机的数量较少。

米格-15 "柴捆" 战斗机

米格-15战斗机是米高扬设计局研制的苏联第一代喷气式战斗机,北约代号为"柴捆"(Fagot),一共制造了17310架(包括他国特许生产型)。

尾翼特写

机头进气口特写

基本参数

长度	10.1米
高度	3.7米
翼展	10.1米
重量	3580千克
最高速度	1075千米/时
相关简介	

研发历史

1946年,米格-15战斗机开始设计时,受到苏军缴获的德国Ta 183喷气式飞机的影响很深,但总体设计还是苏联设计师完成。1947年12月,米格-15战斗机首次试飞。1948年年底,该机开始大量装备苏联空军,最初集中部署在莫斯科周围,并迅速成为苏军的主力战斗机。米格-15战斗机各型总产量超过17000架,曾装备苏联、波兰、捷克斯洛伐克、保加利亚、埃及、阿尔及利亚等38个国家,是苏联制造数量最多的一型喷气式战斗机。

实战性能

米格-15战斗机安装了3门机炮,翼下还可以挂载炸弹和副油箱。除了航程较短外,米格-15战斗机在当时拥有最先进的性能指标。不过,由于没有装备雷达,米格-15战斗机并不具备全天候作战能力。由于米格-15战斗机的出色表现,在活塞飞机时代默默无闻的米高扬设计局也因此扬名立万。

趣味小知识

据苏联国家档案资料记载:1950年11月至1952年1月,苏军击毁的失机与自己损失飞机的比例为7.9:1,1952年为2.2:1;1953年为1.9:1。在美苏喷气式战斗机的较量中,米格-15战斗机一直占上风。

Chapter 02 军用飞机

米格-17"壁画"战斗机

米格-17战斗机是米高扬设计局研制的单发战斗机,北约代号为"壁画"(Fresco),一共制造了10649架(包括他国特许生产型)。

基本参数	
长度	11.26 米
高度	3.8 米
翼展	9.63 米
重量	3798 千克
最高速度	1114 千米/时
相关简介	

机头进气口特写　　　　机腹部位特写

研发历史

20世纪40年代末,米高扬设计局决定改善米格-15战斗机的缺点,尤其在高速飞行下米格-15战斗机飞行性能极差的缺失,由此产生了代号为SI的战术战斗机项目。此外,还有一个代号为SP-2的全天候战斗机项目。SI项目最终发展成为米格-17战斗机。该机于1949年12月开始试飞,1952年进入苏联空军服役。

实战性能

米格-17战斗机是基于米格-15战斗机的经验研制的单发战斗机,其基本型号只有一名飞行员,采用中单翼设计,起落架可伸缩。机身结构为半硬壳全金属结构。座舱采用了加压设计,气压由发动机提供。前方和后方有装甲板保护。前座舱罩是65毫米厚的防弹玻璃。紧急时,驾驶员可以使用弹射椅脱离。

> **趣味小知识**
>
> 1956年,美国开始使用U-2侦察机,苏联米格-17战斗机不断试图拦截这种新的高空侦察机,但是始终无效。

米格-19"农夫"战斗机

米格-19是米高扬设计局研制的单座双发喷气后掠翼战斗机,北约代号为"农夫"(Farmer),一共制造了2172架。

驾驶舱外部特写

机头部位特写

研发历史

1950年,苏联政府命令米高扬设计局研制一种飞行速度能够超越音速并且航程要大于该设计局以前研制的所有战斗机的飞机。为此,米高扬设计局提出了SM-1双发超音速战斗机的验证机计划,该计划的主要目标是解决如何持续进行超音速平飞和超音速飞行所带来的操纵问题,这项计划最终的成果是米格-19战斗机。该机于1953年9月首次试飞,1955年3月开始服役。20世纪60年代到70年代,米格-19战斗机是苏联国土防空部队的主要装备。

实战性能

米格-19战斗机的气动外形和米格-15、米格-17战斗机一脉相承。该机爬升快,加速性和机动性好,火力强,能全天候作战,主要用于空战,争夺制空权,也可实施对地攻击。米格-19战斗机装有1门固定的机首机炮和2门机翼机炮,还可通过4个挂架挂载导弹或火箭弹,导弹型号主要为R-3空对空导弹,火箭弹包括S-5系列。

基本参数	
长度	12.5米
高度	3.9米
翼展	9.2米
重量	5447千克
最高速度	1455千米/时
相关简介	

趣味小知识

早期米格-19战斗机的油箱直接安装在两部发动机下方,在飞行中发动机温度不断升高导致油箱爆炸。后来生产的米格-19战斗机在油箱和发动机间增加了隔热金属板。

Chapter 02 军用飞机

米格-21"鱼窝"战斗机

米格-21战斗机是米高扬设计局研制的单座单发轻型战斗机,北约代号为"鱼窝"(Fishbed),一共制造了11496架。

机鼻部位特写

驾驶舱外部特写

基本参数	
长度	15.4 米
高度	4.13 米
翼展	7.15 米
重量	5700 千克
最高速度	2125 千米 / 时
相关简介	

研发历史

米格-21战斗机于20世纪50年代初研制,1956年首次试飞,1959年正式服役。该机是第二代战斗机的典型代表,除苏联军队大量装备外,阿塞拜疆、保加利亚、印度、利比亚、越南、叙利亚、乌克兰、波兰、印度尼西亚、匈牙利等数十个国家均有使用。

实战性能

米格-21战斗机的主要任务是高空高速截击、侦察,也可用于对地攻击,特点是轻巧、灵活、爬升快、跨音速和超音速操纵性好,火力强,其中高空高速性能被摆在了首要位置。此外,该机价格也比较便宜,适合大规模生产。米格-21战斗机有20余种改型,除几种试验用改型,其余的外形尺寸变化不大,虽然重量不断增加,但同时也换装推力加大的发动机,因而飞行性能差别不大。由于机载设备不同和武器不同,各型号的作战能力有明显差别。

趣味小知识

1992年以来,印度空军共有100多架米格-21战斗机坠毁,其中许多事故是由仿制部件存在技术缺陷造成的。

米格-23"鞭挞者"战斗机

米格-23战斗机是米高扬设计局研制的多用途超音速战斗机,北约代号为"鞭挞者"(Flogger),一共制造了5047架。

基本参数	
长度	16.7米
高度	4.82米
翼展	13.97米
重量	9595千克
最高速度	2445千米/时
相关简介	

机腹部位特写　　　发动机尾喷口特写

研发历史

米格-23战斗机由米高扬设计局于20世纪60年代初开始研制,是设计师米高扬一生中最后一个亲自设计的项目。1967年6月,米格-23战斗机的原型机首次试飞。1968年,米格-23战斗机开始批量生产,1970年进入苏联空军服役。该机于1994年从俄罗斯退役,但仍在其他十多个国家继续服役。

实战性能

米格-23战斗机的设计思想强调了较大的作战半径、在多种速度下飞行的能力、良好的起降性和优良的中低空实战性能。机载武器方面,米格-23战斗机除1门固定的GSh-23L双管23毫米机炮外,还可以通过机翼和机身下的挂架挂载包括R-3、R-23/24和R-60在内的多款空对空导弹。而米格-23MLD战斗机更是可以使用先进的R-27和R-73空对空导弹。

趣味小知识

1974年到1985年,叙利亚和以色列的战绩比较:从1974年4月19日到1983年10月4日,叙利亚使用米格-23战斗机击落以色列战斗机17架;从1982年6月7日到1985年11月20日,以色列击落叙利亚米格-23战斗机12架。

米格-25"狐蝠"战斗机

米格-25是米高扬设计局于20世纪60年代研制的高空高速战斗机,北约代号为"狐蝠"（Foxbat）,一共制造了1186架。

机鼻部位特写

尾翼特写

基本参数	
长度	19.75米
高度	6.1米
翼展	14.01米
重量	20000千克
最高速度	3600千米/时
相关简介	

研发历史

米高扬设计局于1958年展开高空高速截击机的研究,米格-25战斗机的原型机E-155于1961年开始研制。侦察原型机E-155R-1和截击原型机E-155P-1分别于1964年3月和9月首次试飞。1970年,米格-25战斗机正式进入苏联军队服役。

实战性能

米格-25战斗机在设计上强调高空高速性能,曾打破多项飞行速度和飞行高度世界纪录,例如在24 000米高度上以2.8马赫的速度持续飞行。为了保证机体能够承受住高速带来的高温,米格-25战斗机大量采用了不锈钢结构,但这样的高密度材料却给米格-25战斗机带来了更大的重量和更高的耗油量,在其突破3马赫高速飞行时油料不能支撑太久,而且机体本身的高重量也限制了它的载弹量。

趣味小知识

1992年12月,伊拉克空军1架米格-25飞机在伊拉克北部禁飞区被美国F-16战斗机使用AIM-120先进中距空对空导弹击落。但后来伊军在长期的对抗中总结了经验并创立了行之有敌的新战术,曾有米格-25战斗机在被美军发现并发射AIM-120导弹（此前该导弹在实战中从无失手）攻击的情况下居然能够以高速转弯迅速脱离,使美国人大跌眼镜。

米格-29"支点"战斗机

米格-29战斗机是米高扬设计局研制的双发高性能制空战斗机,北约代号为"支点"(Fulcrum)。

驾驶舱外部特写

驾驶舱内部特写

研发历史

1969年,苏联开始发展"未来前线战斗机"计划(PFI)。1971年,这个计划被一分为二,即"重型先进战术战斗机"(TPFI)、"轻型先进战术战斗机"(LPFI)。前者由苏霍伊设计局负责,后者则交由米高扬设计局,最终促成了苏-27战斗机和米格-29战斗机的问世。米格-29的原型机于1977年10月首次试飞,1982年投入批量生产,同年开始装备部队。

基本参数

基本参数	
长度	17.32米
高度	4.73米
翼展	11.36米
重量	11000千克
最高速度	2400千米/时
相关简介	

实战性能

米格-29战斗机装有1门30毫米Gsh-301机炮,备弹150发。机炮埋入机首左侧的翼边内,从正面看是一个小孔。米格-29战斗机的机翼下有7个挂点,机翼每侧3个,机身中轴线下1个,最大载弹量为2000千克。与以往的苏制战机相比,米格-29战斗机的驾驶舱视野有所改善,但仍然不及同时期的西方战斗机。

趣味小知识

1979年12月末,苏联武装入侵阿富汗。1987年8月,隶属了苏联空军的米格-29战斗机击落了4架试图攻击阿富汗总统官邸的阿富汗反对派的苏-22攻击机。

米格-31"捕狐犬"战斗机

米格-31战斗机是米高扬设计局研制的双座全天候战斗机，北约代号为"捕狐犬"（Foxhound），一共制造了519架。

驾驶舱内部特写

发动机尾喷口特写

研发历史

20世纪70年代，苏联空军决定在米格-25战斗机的基础上，加装大功率相控阵雷达，并改善飞行性能，米格-31战斗机由此而生。该机于1975年9月16日首次试飞，1979年开始小批量生产，1980年开始交付部队试用，1981年正式服役。

基本参数	
长度	22.69米
高度	6.15米
翼展	13.46米
重量	21820千克
最高速度	3255千米/时
相关简介	

实战性能

米格-31战斗机是苏制武器"大就是好"的典型代表，其机身巨大、推力引擎耗油高、相控阵雷达功率极强，至今仍能接受各种升级改装。与米格-25战斗机相比，米格-31战斗机的机头更粗、翼展更大，增加了锯齿前缘，进气口侧面带附面层隔板，换装推力更大的引擎并加强机体结构，以适应低空超音速飞行。此外，增加了外挂点，攻击火力大大加强。

趣味小知识

2011年9月6日，俄罗斯空军1架米格-31战斗机在彼尔姆边疆区坠毁，2名飞行员遇难。当时，战斗机并没有携带武器弹药。

米格-35"支点F"战斗机

米格-35战斗机是米高扬设计局研制的多用途喷气式战斗机,北约代号为"支点F"(Fulcrum-F)。

头部特写

驾驶舱内部特写

研发历史

米格-35战斗机的研制计划于1996年首度公开,原型机于2007年首次试飞。在2012年印度的军机采购案中,米格-35战斗机一度入选,但2011年印度宣布将采购欧洲战机,这导致米格-35战斗机的批量生产计划一度被取消。2013年5月,俄罗斯宣布采购最少24架米格-35战斗机,计划于2019年投入现役。2014年4月,有报道称埃及空军计划拨款30亿美元采购24架米格-35战斗机。

基本参数	
长度	17.3米
高度	4.7米
翼展	12米
重量	11000千克
最高速度	2600千米/时
相关简介	

实战性能

米格-35战斗机装备了全新的相控阵雷达,其火控系统中还整合了经过改进的光学定位系统,可在关闭机载雷达的情况下对空中目标实施远距离探测。该机的固定武器是1门30毫米机炮,用于携带各种导弹和炸弹的外挂点为9个,总载弹量为6000千克。

趣味小知识

在印度2012年约126架军机采购遴选中,米格-35战斗机一度入选,俄方改装了原型机作为展示样本供印度参考。然而2011年4月印度宣布将采购法国的"阵风"战斗机。

Chapter 02 军用飞机

苏-7"装配匠A"战斗轰炸机

苏-7战斗轰炸机是苏霍伊设计局研制的后掠翼喷气式单座单发战斗轰炸机,北约代号为"装配匠A"(Fitter-A)。该机一共制造了1847架,从1959年服役至1986年。

头部特写

尾部特写

基本参数

长度	16.8米
高度	4.99米
翼展	9.31米
重量	8937千克
最高速度	1150千米/时
相关简介	

研发历史

1956年6月,苏-7战斗轰炸机的第一架原型机在图希诺航展上公开亮相。同年秋季,第二架原型机制造完毕,10月起开始试飞。1959年,苏-7战斗轰炸机正式服役。除苏联本国使用外,还出口到印度、捷克斯洛伐克、匈牙利、波兰、罗马尼亚、埃及、秘鲁、伊拉克等十几个国家。

实战性能

苏-7战斗轰炸机有较高的推重比,中高空机动性能较好。不过,苏-7战斗轰炸机对跑道要求较高,早期机型不能在野战机场使用。作为战斗轰炸机,该机没有装备雷达,只有简单的航空电子系统。苏-7战斗轰炸机的固定武器为2具30毫米机炮,每门备弹70发。机翼和机腹下共有6个挂架,可携带火箭弹、炸弹等执行对地支援任务。苏-7战斗轰炸机后期型号可投放战术核武器,是第一种具备这种能力的苏联战斗机。

趣味小知识

为向苏联盟国提供战机,苏霍伊设计局于20世纪60年代中期开始研制一种专供出口的型号。1966年3月,原型机制造完毕。经验收合格后,1967年起该机被冠以苏-7BMK的名称投入生产。

苏-17"装配匠"攻击机

苏-17"装配匠"（Su-17 Fitter）攻击机是苏霍伊设计局在苏-7战斗轰炸机基础上发展而来的攻击机，一共制造了2867架。

头部特写

翼下挂架特写

研发历史

虽然苏-7战斗轰炸机拥有适当的空中机动性表现，但却因其机翼设计而有低速时表现不佳、起降时所需跑道太长的缺陷，因此苏霍伊设计局对其进行改良，推出了可变后掠翼设计的后继机种，也就是苏-17攻击机。该机于1966年8月2日首次试飞，1970年开始服役，主要用户为苏联（俄罗斯）、利比亚、伊拉克、埃及、叙利亚和波兰等国。

基本参数

长度	19.02米
高度	5.12米
翼展	13.68米
重量	12160千克
最高速度	1860千米/时
相关简介	

实战性能

苏-17攻击机继承了苏-7战斗轰炸机的坚固耐用和良好的低空操控性，成为苏联空军真正的战术打击飞机。除了苏-7战斗轰炸机的所有武器外，苏-17攻击机还能挂载新的SPPU-22-01机炮吊舱，内置1门23毫米GSh-2-23双管机炮，机炮可向下偏转，飞机在平飞中也能扫射地面，吊舱可以朝前也可以朝后挂载。除机炮外，苏-17攻击机还可挂载3770千克炸弹或导弹。

趣味小知识

在20世纪80年代的阿富汗战争中，苏-17是苏军主力攻击机之一，也是最早进入战区的战机。

苏-24"击剑手"战斗轰炸机

苏-24战斗轰炸机是苏霍伊设计局研制的变后掠翼双座战斗轰炸机,北约代号为"击剑手"(Fencer)。该机一共制造了1400架左右,从1974年服役至今。

左侧机翼特写

头部特写

基本参数

长度	22.53米
高度	6.19米
翼展	17.64米
重量	22300千克
最高速度	1315千米/时
相关简介	

研发历史

苏-24战斗轰炸机的发展可追溯到1964年,当时苏霍伊设计局提供了两种设计,分别为固定翼和可变后掠翼。1967年6月,固定翼的原型机率先试飞。1968年8月,苏联航空部决定改用变后掠翼方案。1969年年底,变后掠翼的原型机完成,1970年1月首次试飞。此后,苏霍伊设计局又相继制造了两架原型机。1974年,苏-24战斗轰炸机正式服役。

实战性能

苏-24是苏联第一种能进行空中加油的战斗轰炸机,其机翼后掠角的可变范围为16~70度,起飞、着陆用16度,对地攻击或空战时为45度,高速飞行时为70度。苏-24的变后掠机翼的操纵方式比米格-23战斗机的手动式先进,但还达不到美国F-14战斗机的水平。苏-24战斗轰炸机装有惯性导航系统,飞机能远距离飞行而不需要地面指挥引导,这是苏联飞机能力的新发展。该机装有2门30毫米机炮,机上有8个挂架,最大载弹量为7000千克。

趣味小知识

1984年在苏联武装入侵阿富汗期间,苏-24战斗轰炸机执行掩护地面部队突进的任务。

苏-25 "蛙足" 攻击机

苏-25 "蛙足"（Su-25 Frogfoot）攻击机是苏联苏霍伊设计局研制的双发单座亚音速攻击机，主要执行密接支援任务。

头部特写

驾驶舱内部特写

研发历史

1968年，苏军提出了新型攻击机的研发计划，要求能在前线150千米以内目视攻击敌人的地面目标、直升机和低速飞机，还要求能尽快投产。雅克列夫设计局、伊留申设计局和苏霍伊设计局参加了竞标，最终苏霍伊设计局的方案被选中，设计局编号为T-8。1975年2月，苏-25攻击机的原型机首次试飞。1978年，苏-25攻击机开始批量生产，但直到1981年才形成全面作战能力。

基本参数

长度	15.53米
高度	4.8米
翼展	14.36米
重量	9800千克
最高速度	975千米/时
相关简介	

实战性能

苏-25攻击机能在靠近前线的简易机场上起降，执行近距战斗支援任务。该机装有1门30毫米双管机炮，机翼下总共有8个挂架，可携带4400千克空对地武器。苏-25攻击机反坦克能力强，机翼下可挂载"旋风"反坦克导弹，射程10千米，可击穿1000毫米厚的装甲。苏-25攻击机的低空机动性能好，可在装弹情况下与米-24武装直升机协同，配合地面部队攻击坦克、装甲车和重要火力点等。

趣味小知识

苏联入侵阿富汗时，苏军使用了苏-25攻击机执行对地密集打击的任务。

Chapter 02 军用飞机

苏-27"侧卫"战斗机

苏-27战斗机是苏霍伊设计局研制的双发单座全天候重型战斗机,北约代号为"侧卫"(Flanker)。

机鼻部位特写

机翼下挂架特写

研发历史

20世纪60年代,美国相继发展了F-15重型战斗机和F-16轻型战斗机。作为回应,苏联从1969年开始发展"未来前线战斗机"计划(PFI)。参与该项目竞标的有雅克列夫设计局的雅克-45、米高扬设计局的米格-29以及苏霍伊设计局的T-10(苏-27的原型机)。最后,米格-29和T-10胜出。前者用于对抗F-16战斗机,后者用于对抗F-15战斗机。

基本参数	
长度	21.94米
高度	5.93米
翼展	14.7米
重量	17450千克
最高速度	2876千米/时
相关简介	

实战性能

苏-27战斗机的机动性和敏捷性较好,续航时间长,可以进行超视距作战。不过,苏-27战斗机的机载电子设备和座舱显示设备较为落后,且不具备隐身性能。苏-27战斗机的固定武器为1门30毫米GSh-30-1机炮,备弹150发。10个外部挂架可挂载4430千克导弹,包括R-27、R-73和R-60M等空对空导弹。

趣味小知识

1989年6月,苏联派2架苏-27战斗机参加了巴黎国际航展,单座型由普加乔夫驾驶,双座型由弗罗洛夫驾驶。普加乔夫驾驶飞机完成了一组高难度的复杂特技,给在场观众留下了深刻印象。其中后来被命名为"普加乔夫眼镜蛇"的动作最为神奇,水平飞行的飞机突然急剧抬头,但不上升高度,而是继续前飞,迎角增大——90度、100度、110度、120度,飞机"尾部朝前"飞行,飞行速度瞬时减小到150千米/时,然后飞机改平,恢复原状。

25

苏-30 "侧卫C" 战斗机

苏-30战斗机是苏霍伊设计局研制的多用途重型战斗机,北约代号为"侧卫C"(Flanker-C)。

驾驶舱外部特写

腹部特写

研发历史

1986年,苏霍伊设计局展开苏-27PU长程拦截研发案,试验机于1987年7月6日首次试飞。1991年,苏-27PU获得新的编号——苏-30。1992年,第一架生产型苏-30战斗机首次试飞。1996年,苏-30战斗机正式服役。除装备俄罗斯空军外,该机还出口到阿尔及利亚、安哥拉、亚美尼亚、印度、印度尼西亚、哈萨克斯坦、马来西亚、缅甸、乌干达、委内瑞拉等国。

基本参数	
长度	21.935米
高度	6.36米
翼展	14.7米
重量	17700千克
最高速度	2120千米/时
相关简介	

实战性能

苏-30战斗机为双发双座设计,外形与苏-27战斗机非常相似。苏-30战斗机的油箱容量较大,具有长航程的特性,而且还具备空中加油能力。该机具有超低空持续飞行能力、极强的防护能力和出色的隐身性能,在缺乏地面指挥系统信息时仍可独立完成歼击与攻击任务,其中包括在敌方纵深执行战斗任务。苏-30战斗机能够承担全范围的战术打击任务,包括夺取空中优势、防空作战、空中巡逻及护航、压制敌方防空系统、空中拦截、近距空中支援,以及对海攻击等。此外,苏-30战斗机还具备空中早期预警、指挥和调控己方机群进行联合空中攻击的能力。

趣味小知识

印度空军订购了超过200架苏-30MKI,早期的苏-30MKI由俄罗斯制造,后由印度本国制造,外界估计有200架左右的苏-30MKI在印度境内服役,印度暂时是苏-30系列战斗机服役数量最多的国家。

苏-33"侧卫D"战斗机

苏-33战斗机是苏霍伊设计局在苏-27战斗机基础上研制的单座双发多用途舰载机,北约代号为"侧卫D"(Flanker-D)。

研发历史

苏-33战斗机是从苏-27战斗机衍生而来的舰载机型号,1987年8月首次试飞,1998年8月正式服役,其北约代号也延续自苏-27战斗机,被称为"侧卫D"或"海侧卫"。目前,该机主要部署在俄罗斯海军唯一的现役航空母舰"库兹涅佐夫"号上。

基本参数	
长度	21.94米
高度	5.93米
翼展	14.7米
重量	18400千克
最高速度	2300千米/时
相关简介	

实战性能

苏-33战斗机的机身结构与苏-27战斗机基本相同,都由前机身、中央翼和后机身组成。该机增大了主翼面积,且为满足舰载机采用拦阻方式着舰时所需要承受的5G纵向过载,对机身主要承力结构进行了大幅加强。前起落架支柱直接与机身主承力结构连接,加强了前起落架的结构强度,并且改用了双前轮。主起落架直接连接在机身侧面的尾梁上,通过加强的结构和液压减振系统,使主起落架可以承受在舰上拦阻着陆时6~7米/秒的下沉率。为了避免飞离甲板的瞬间机身过重而翻覆,起飞时不能满载弹药和油料,这成为苏-33战斗机的致命缺陷。

趣味小知识

2016年12月3日,据俄罗斯国防部透露,俄罗斯海军1架苏-33战斗机在着舰时,因阻拦索突发故障,战斗机意外坠入海中,飞行员成功逃生。

苏-34"后卫"战斗轰炸机

苏-34战斗轰炸机是苏霍伊设计局研制的双发重型战斗轰炸机,北约代号为"后卫"(Fullback)。该机从2014年开始服役,截至2019年4月一共制造了127架。

发动机尾喷口特写

起落架特写

基本参数	
长度	23.34米
高度	6.09米
翼展	14.7米
重量	14000千克
最高速度	2200千米/时
相关简介	

研发历史

苏-34战斗轰炸机是由苏-27重型战斗机改进而成,其最初型号为代号苏-27IB的试验机,试验机于1990年4月首次试飞,预生产型于1993年12月首次试飞。由于经费原因,原本2002年全面列装的计划不得不推迟,直到2007年7月俄罗斯国防部才宣布正式接收苏-34战斗轰炸机。

实战性能

苏-34战斗轰炸机采用了许多先进的装备,包括装甲座舱、液晶显示器、新型数据链、新型火控计算机、后视雷达等。为了适应轰炸任务,该机在座舱外加装了厚达17毫米的钛合金装甲。苏-34战斗轰炸机拥有12个外部挂架,可挂载大量导弹、炸弹和各类荚舱,具备多任务能力。此外,该机还加强了起落架的负载能力,其双轮起落架使其具备在前线野战机场降落的能力,大大增强了作战灵活性。

趣味小知识

苏-34战斗轰炸机第一次实战是2008年的南奥塞梯冲突,只执行了空中电子压制任务。

苏-35"侧卫 E"战斗机

苏-35 战斗机是苏霍伊设计局研制的双发单座多用途重型战斗机,北约代号为"侧卫 E"(Flanker-E)。

尾翼特写

驾驶舱外部特写

研发历史

20 世纪 80 年代初期,苏-27S 战斗机刚刚问世,苏霍设计局就开始了大改苏-27 战斗机的构想,也就是后来的苏-27M 计划,要将苏-27 战斗机改为先进的多用途战斗机。1988 年 6 月,苏-27M 战斗机首次试飞。1992 年 9 月,新机被更名为苏-35 战斗机。2014 年,俄罗斯空军开始少量装备苏-35 战斗机。

基本参数

长度	22.2 米
高度	6.43 米
翼展	15.15 米
重量	17500 千克
最高速度	2450 千米/时
相关简介	

实战性能

苏-35 战斗机装有 1 门 30 毫米 Gsh-301 机炮,机身和机翼下共有 12 个外挂点,采用多用途挂架可有 14 个外挂点。所有外挂点的最大挂载量为 8000 千克,正常空战挂载量则为 1400 千克。理论上,苏-35 战斗机能发射所有俄制精确制导武器,如 R-27 空对空导弹、R-73 空对空导弹、R-77 空对空导弹、Kh-29 反舰导弹、Kh-59 巡航导弹、Kh-31 反辐射导弹,以及 KAB-500、KAB-1500 系列制导炸弹等。

趣味小知识

苏-35 战斗机装备了"探管—锥套"空中受油系统,探管从机头左侧伸出,加油速度为每分钟 1100 升。

苏-57 战斗机

苏-57 战斗机是俄罗斯在"未来战术空军战斗复合体"（PAK FA）计划下研制的第五代战斗机，于 2019 年开始服役。

尾翼特写

驾驶舱外部特写

基本参数	
长度	19.8 米
高度	4.8 米
翼展	14 米
重量	17500 千克
最高速度	2600 千米/时
相关简介	

研发历史

2002 年，苏霍伊设计局在融合苏-47 和米格-1.44 这两款战机的技术后，制造出了 T-50 战斗机。T-50 战斗机的研制计划比美国 F-22 战斗机还早两年，但由于经费紧缺，其首次试飞时间（2010 年 1 月 29 日）足足落后了 13 年。到 2015 年秋季，T-50 战斗机的 5 架原型机完成了 700 架次试飞，其中多架原型机都经历了长时间的维修。2017 年 8 月，T-50 战斗机被正式命名为苏-57 战斗机。该机的第一阶段测试于 2017 年 12 月结束，随后开始第二阶段测试，按计划将于 2019 年开始小批量生产。2025 年，俄罗斯计划将用苏-57 战斗机全部替换老旧的米格-29 和苏-27 战斗机。

实战性能

苏-57 战斗机采用优异的气动布局，雷达、光学及红外线特征都较小。从飞机整体布局来看，苏-57 战斗机的机身扁平，显然延续了苏-27 战斗机的升力体设计。加上机翼面积较大，翼载荷较低，因此苏-57 战斗机具备较大的升力系数。另外，其机翼前缘后掠角大于 F-22 战斗机，这显示苏-57 战斗机更重视高速飞行和超音速拦截能力。该机装有 1 门 30 毫米 GSh-301 机炮，并拥有至少 2 个大型武器舱，主要用于装载远程空对空导弹和中程空对空导弹，也可装载空对地导弹和制导炸弹。

> **趣味小知识**
>
> 苏-57 战斗机大量采用复合材料，其比重约占机身总重量的四分之一，覆盖了机身 70% 的表面积，钛合金占苏-57 机体重量的四分之三。

雅克-38战斗机

雅克-38战斗机是雅克列夫设计局为苏联海军研制的舰载垂直起降战斗机，一共制造了231架。

研发历史

雅克-38战斗机由雅克列夫设计局于20世纪60年代末开始研制，1971年首次试飞，1976年开始服役，北约代号为"铁匠"（Forger）。除初期型雅克-38外，还有双座型雅克-38U和改良型雅克-38M。20世纪80年代中期，雅克-38战斗机转为陆上使用。1991年，该机被封存（事实上的退役）。

基本参数	
长度	16.37米
高度	4.25米
翼展	7.32米
重量	7385千克
最高速度	1280千米/时
相关简介	

实战性能

雅克-38战斗机主要用于对地面和海面目标实施低空攻击的侦察，并具有一定的舰队防空能力。该机装有3台发动机，分别为机尾的推进/升举发动机和驾驶舱后方的两台升举发动机。雅克-38战斗机的主翼可以向上折叠，以节省存放空间。该机也有不少缺点，例如机械结构较为复杂，垂直起飞时耗油量较大，且因需要协调3台发动机共同工作，所以故障率较高。

趣味小知识

在雅克-38战斗机十余年的服役时间里，一共坠毁了36架，不过并没有人员死亡。其中弹射座椅工作33次，全部弹射成功，包括18次自动弹射，13次手动弹射。

伊尔-28 "小猎犬"轰炸机

伊尔-28轰炸机是伊留申设计局研发的中型轰炸机,北约代号为"小猎犬"(Beagle)。该机一共制造了6635架,从1950年服役至1980年。

研发历史

伊尔-28轰炸机于1948年7月8日首次试飞,1950年开始服役。由于其设计极度成功,除了苏联外,其他一些国家也按照许可证大量制造。进入20世纪90年代后,仍然有数百架伊尔-28轰炸机在役,而此时距该机首次出现已经间隔了40年时间。

基本参数	
长度	17.65米
高度	6.7米
翼展	21.45米
重量	12890千克
最高速度	902千米/时
相关简介	

实战性能

伊尔-28轰炸机有3名乘员,驾驶员和领航员舱在机头,机尾有密封的通信射击员舱。该机可在炸弹舱内携带4枚500千克或12枚250千克炸弹,也能运载小型战术核武器,翼下还有8个挂架,可挂火箭弹或炸弹。机头机尾各装2门HP-23机炮,分别备弹650发。

趣味小知识

在第四次中东战争中,埃及总统穆巴拉克命令埃及空军的222架飞机(包括米格-21MF、伊尔-28)从阿斯旺、曼苏腊、开罗和尼罗河三角洲中部的30多个机场同时起飞,闪电突袭以色列部队在西奈半岛的空军指挥部和雷达系统等军事设施,取得初步胜利。

图-4 "公牛" 轰炸机

图-4 轰炸机是图波列夫设计局研制的战略轰炸机，北约代号为"公牛"（Bull）。该机一共制造了 847 架，从 1949 年服役至 1965 年。

驾驶舱外部特写　　　　　　　　　　　　发动机螺旋桨特写

研发历史

图-4 轰炸机是图波列夫设计局在美国 B-29 轰炸机基础上模仿并改进而来的一种轰炸机，因此也被戏称为"B-29 斯基"。事实上，图-4 轰炸机并不完全是 B-29 轰炸机的仿制品，其雷达、弹药和发动机都是苏联自主研制。除了作为轰炸机，图-4 也被改装为加油机使用。

基本参数	
长度	30.18 米
高度	8.46 米
翼展	43.05 米
重量	36850 千克
最高速度	558 千米/时
相关简介	

实战性能

图-4 轰炸机各方面性能都比 B-29 轰炸机有所提高，单台发动机功率从 2000 马力增加到 2400 马力，并装有涡轮增压器。机上飞行设备配有当时比较先进的航行雷达、天文罗盘、PB-10 无线电高度表。图-4 轰炸机共有 5 个炮塔，装有 10 门 23 毫米机炮。5 个炮塔中的 3 个炮塔可以对地射击，可以由 3 个人分别射击，也可以由一个人遥控操纵 3 个炮塔同时对地面一个目标射击。

趣味小知识

图-4 轰炸机是苏联第一种战略轰炸机，1951 年 10 月 18 日，苏联用它空投了本国第一颗原子弹。

图-16"獾"轰炸机

图-16轰炸机是图波列夫设计局研制的中程轰炸机,北约代号为"獾"(Badger)。该机一共制造了1509架,从1954年服役至1993年。

头部特写

发动机进气口特写

研发历史

图-16轰炸机由图波列夫设计局于1950年开始研制,1952年首次试飞,1955年交付使用,有图-16A、B、C、D、E、F、G、H、J、K、L等多种型号,除主要作为轰炸机使用外,还被改装担负空中侦察、空中加油等任务。图-16各个型号的外形基本相同,只是设备不同,或局部外形有些改变。

基本参数	
长度	34.8 米
高度	10.36 米
翼展	33 米
重量	37200 千克
最高速度	1050 千米/时
相关简介	

实战性能

图-16轰炸机装有7门23毫米航炮,备弹2300发。机腹下有长6.5米的弹舱,正常载弹量为3000千克,最大载弹量为9000千克。不载普通炸弹时,可挂1枚当量为500万吨的核弹,或2枚AS-1空对地导弹,或2枚AS-2空对地导弹,或2枚AS-5空对地导弹。海上作战时,可载鱼雷和水雷。

趣味小知识

图-16轰炸机的性能和尺寸大致和美国的B-47轰炸机、英国的"勇士"轰炸机、"火神"轰炸机和"胜利者"轰炸机相当。

图-95"熊"轰炸机

图-95 轰炸机是图波列夫设计局研制的远程战略轰炸机,北约代号为"熊"(Bear)。该机一共制造了 500 余架,从 1956 年服役至今。

基本参数	
长度	49.5 米
高度	12.12 米
翼展	54.1 米
重量	90000 千克
最高速度	925 千米/时
相关简介	

发动机螺旋桨特写　　　尾部特写

研发历史

图-95 轰炸机于 1951 年开始研制,1954 年第一架原型机首次试飞,首批生产型于 1956 年开始交付使用。早期型生产 300 多架,除用作战略轰炸机之外,还可以执行电子侦察、照相侦察、海上巡逻反潜和通信中继等任务。20 世纪 80 年代中期,图-95 轰炸机又进行了大幅改进并恢复生产,即图-95MS 轰炸机。

实战性能

图-95 轰炸机在机尾装有 1 门或 2 门 23 毫米 Am-23 机炮,并能携挂 15000 千克的炸弹和导弹,包括可使用 20 万吨当量核弹头的 Kh-55 亚音速远程巡航导弹。该机是世界上唯一服役的大型四涡轮螺旋桨发动机后掠翼远程战略轰炸机,其服役时间很长,堪称军用飞机中的"老寿星"。这主要是因为它的体积与滞空能力形成了多种不同的功能性,以轰炸机的角度而言,图-95 轰炸机稍作修改便可做不同功能用途,如运输机、侦察机,甚至是军用客机。

趣味小知识

1961 年 10 月 30 日上午 11 时 32 分,苏联在北冰洋新地岛群岛试爆了第一颗全世界有史以来最大的核武器:沙皇炸弹。执行这一次试爆任务的飞机是 1 架图 95V 轰炸机,另有 1 架图-16"獾"式轰炸机作为观测机。

图-22"眼罩"轰炸机

图-22 轰炸机是图波列夫设计局研发的超音速轰炸机,北约代号为"眼罩"(Blinder)。该机一共制造了 311 架,从 1962 年服役至 2003 年。

研发历史

图-22 轰炸机于 1955 年开始设计,1958 年首次试飞,1961 年在苏联航空节初次公开展出,1962 年开始装备部队。该机没有大量生产,仅仅生产了 300 余架。除苏联空军、海军航空兵外,还向利比亚空军提供了 24 架,向伊拉克空军提供了 12 架。

基本参数	
长度	41.6 米
高度	10.13 米
翼展	23.17 米
重量	85000 千克
最高速度	1510 千米/时
相关简介	

实战性能

图-22 轰炸机作为苏联第一种超音速轰炸机,性能不是非常可靠,航程也不尽如人意,理论上可以进行超音速突防,但飞机加满油和导弹后,根本无法进行超音速飞行,就算到达目标附近时其速度达到 1.5 马赫,也无法有效规避当时北约的战机和防空导弹的拦截。该机的最大载弹量为 9000 千克,自卫武器很少,仅在尾部有 1 门 30 毫米机炮。自卫手段主要靠速度,夜间使用电子干扰机自卫。

趣味小知识

伊拉克曾经从苏联引进了图-22 轰炸机,并配备了 AS-4 反舰导弹。后来在海湾战争中,伊军图-22、图-16 轰炸机全数被摧毁,丧失了战略空袭的能力。

图-22M "逆火" 轰炸机

图-22M轰炸机是图波列夫设计局研制的超音速战略轰炸机,北约代号为"逆火"(Backfire)。该机一共制造了497架,从1972年服役至今。

驾驶舱内部特写

尾部特写

基本参数	
长度	42.4 米
高度	11.05 米
翼展	34.28 米
重量	58000 千克
最高速度	2327 千米/时
相关简介	

研发历史

图-22M轰炸机的前型图-22 "眼罩" 轰炸机是苏联第一种超音速轰炸机,性能和航程不是非常令人满意,飞机加满油和导弹后,根本无法进行超音速飞行,就算到达目标附近时其速度达到1.5马赫,也无法有效规避当时北约的战机和防空导弹的拦截。因此,苏军对此轰炸机并不满意,只是少量装备,并责成各设计局开发下一代超音速轰炸机来取代图-16和图-22。1967年11月,图波列夫设计局的方案被选中,其最终成果就是图-22M轰炸机。该机于1969年8月首次试飞,1972年正式服役。

实战性能

图-22M轰炸机具有核打击、常规攻击以及反舰能力,良好的低空突防性能,使其生存能力大大高于苏联以往的轰炸机。该机是目前世界上列入装备的轰炸机中飞行速度最快的一种,有着无可比拟的巨大威慑力。图-22M轰炸机装有1门23毫米双管机炮,机翼和机腹下可挂载3枚Kh-22空对地导弹,机身武器舱内有旋转发射架,可挂载6枚RKV-500B短距攻击导弹,也可挂载各型精确制导炸弹,如69枚FAB-250炸弹或8枚FAB-1500炸弹。

趣味小知识

苏联以大量反舰导弹攻击美军航空母舰战斗群的战术让美国忌惮不已,在美国小说与电影中,多次出现苏联使用图-22M轰炸机执行上述战术,例如《恐惧的总和》。事实上,美军的AIM-54 "不死鸟" 导弹、F-14 "雄猫" 战斗机、"宙斯盾" 战斗系统都是为应对这样的战术而生。

图-160"海盗旗"轰炸机

图-160轰炸机是图波列夫设计局研制的可变后掠翼超音速远程战略轰炸机,北约代号为"海盗旗"(Blackjack)。该机一共制造了36架,从1987年服役至今。

驾驶舱内部特写

尾翼特写

基本参数	
长度	54.10米
高度	13.1米
翼展	55.70米
重量	118000千克
最高速度	2000千米/时
相关简介	

研发历史

20世纪70年代,美国提出了B-1"枪骑兵"轰炸机的制造计划,得知此消息后,苏联方面也不甘落后,开始筹划类似"枪骑兵"的新型轰炸机。随后,图波列夫设计局在参考了"枪骑兵"轰炸机的设计后,融合自身的先进技术设计出了图-160"海盗旗"轰炸机。该机于1981年首次试飞,1987年正式服役。

实战性能

图-160轰炸机与美国B-1B"枪骑兵"轰炸机非常相似,它是苏联解体前最后一个战略轰炸机计划,同时是世界各国有史以来制造的最重的轰炸机。与B-1B轰炸机相比,图-160轰炸机不仅体型更大,速度也更快,最大航程也更远。图-160轰炸机没有安装固定武器,弹舱内可载自由落体炸弹、短距攻击导弹或巡航导弹等武器。该机的作战方式以高空亚音速巡航、低空高亚音速或高空超音速突防为主。在高空时,可发射具有火力圈外攻击能力的巡航导弹。进行防空压制时,可发射短距攻击导弹。另外,该机还可低空突防,用核炸弹或导弹攻击重要目标。

趣味小知识

2007年,时任俄罗斯总统普京签署了正式列装图-160轰炸机的命令。20年来,图-160轰炸机一直处于试用阶段,也就是说,在此期间曾驾驶它的空军飞行员都只是严格意义上的试飞员。

别-6"马奇"反潜机

别-6"马奇"(Be-6 Madge)是别里耶夫设计局研制的反潜机,一共制造了123架,从1950年服役至1968年。

研发历史

别-6反潜机于1949年首次试飞,1950年投入批量生产,同年开始服役,主要装备苏联海军航空队,用作海上巡逻机和反潜机等多种用途。该机于1957年停产,一共生产了123架。20世纪60年代后期,别-6反潜机退出现役。

实战性能

别-6的机身如同船身,内部有水密隔舱以防机身入水,机尾有船舵令它可在水上转弯,机翼采用海鸥翼方便将发动机抬高,避免海水影响其工作。该机装有2台ASH-72活塞发动机,最大续航时间16小时,防御武器为机鼻上的1门和背部炮塔的2门20毫米机炮,翼下4个挂架也可挂鱼雷、水雷、深水炸弹和炸弹。该机的探测设备比较简单,主要探测设备是机身下部的1部对海搜索雷达。

基本参数	
长度	23.5米
高度	33米
翼展	7.64米
重量	18827千克
最高速度	414千米/时
相关简介	

趣味小知识

1955年,中国海军向苏联采购6架别-6反潜机,并在青岛团岛基地组建了水上飞机部队。

别-12"海鸥"反潜巡逻机

别-12"海鸥"（Be-12 Chayka）反潜巡逻机是别里耶夫设计局研制的反潜巡逻机，一共制造了143架，从1965年服役至今。

尾翼特写

头部特写

研发历史

别-12反潜巡逻机的研制工作始于1956年3月。1960年11月，首架试验机在陆地机场完成了首次试飞。1961年11月，首架试验机在第5次飞行试验时失事坠毁。1962年，第二架试验机完工。1963年，别-12反潜巡逻机开始批量生产。1965年，别-12反潜巡逻机开始进入苏联海军航空兵部队服役。苏联解体后，俄罗斯和乌克兰都继承了部分别-12反潜巡逻机。此外，埃及、叙利亚和越南等国也有采用。

基本参数	
长度	30.11米
高度	7.94米
翼展	29.84米
重量	24000千克
最高速度	530千米/时
相关简介	

实战性能

与别-6反潜巡逻机相比，别-12反潜巡逻机的实战性能大幅提升，配备了"主动2"搜索瞄准雷达，并更新了机载无线电设备、自动驾驶仪、航向系统设备、全景接收显示器等。别-12反潜巡逻机的操作简便，可搜索跟踪距驻地700～800千米的潜艇，并用AT-1鱼雷或炸弹将目标摧毁。此外，别-12反潜巡逻机还装有2门23毫米机炮，用于自卫。

> **趣味小知识**
>
> 别-12反潜巡逻机有一种加装了特种作战武器的衍生型，即别-12CK，在北约国家被冠以"铝甲"的绰号。

伊尔-38"五月"反潜巡逻机

伊尔-38"五月"(伊尔-38 May)反潜巡逻机是伊留申设计局在伊尔-18客机基础上发展而来的反潜巡逻机,一共制造了58架,从1967年服役至今。

★ 研发历史

伊尔-18客机是伊留申设计局设计的四发涡轮螺旋桨短程客机。它与同时代的安-10民航客机尺寸相似,但较注重装饰方面的设计。伊尔-18客机于1955年开始设计,1956年开始制造,1957年7月原型机首次试飞,1959年4月投入航线使用,到1969年已在苏联国内800条航线上使用。20世纪60年代,伊留申设计局开始着手将伊尔-18客机改装为伊尔-38反潜巡逻机。该机于1961年首次试飞,1967开始批量制造,1969年开始服役。到1972年停产时,一共制造了65架,包括伊尔-38M、伊尔-38MZ、伊尔-38N等改进型号。苏联解体后,俄罗斯海军航空兵仍继续使用伊尔-38反潜巡逻机。此外,印度海军航空兵也有购买。

基本参数	
长度	39.6米
高度	10.16米
翼展	37.42米
重量	33700千克
最高速度	724千米/时
相关简介	

★ 实战性能

伊尔-38反潜巡逻机的巡逻范围包括北极和冰岛等广大区域,其作战任务系统称为"别尔库特"(Berkut)系统,该系统的雷达对大型舰艇的探测距离达到250千米。伊尔-38反潜巡逻机配备了RGB-1、RGB-2、RGB-3声呐浮标,并可使用AT-2鱼雷和RYU-2核深水炸弹。部分伊尔-38反潜巡逻机后来改装了"诺韦拉"(Novella)作战系统,并可使用KAB-500PL制导深水炸弹,或新型主动声呐浮标。

趣味小知识

2002年10月,印度海军2架伊尔-38反潜巡逻机在空中相撞,造成15人丧生,其中包括2架飞机上的12名飞行人员。当时,印度海军正在为庆祝海军空军中队成立25周年而举行飞行表演。

图-142"熊F"反潜巡逻机

图-142"熊F"（图-142 Bear F）反潜巡逻机是图波列夫设计局在图-95轰炸机基础上研制的反潜巡逻机，一共制造了100架，从1972年服役至今。

头部特写

研发历史

1963年2月，苏联部长会议下达了研制图-142反潜巡逻机的命令，由图波列夫设计局在图-95P轰炸机的基础上设计制造。图-142反潜巡逻机于1968年6月18日首次试飞，首批生产型于1970年5月在苏联海军航空兵部队投入试用。改进型图-142M于1975年11月首次试飞，1980年11月交付苏联海军航空兵使用。此后，为提高对低噪声潜艇的探测能力，强化电子对抗和通信导航性能，另一种改进型图-142M3于1993年列装俄罗斯海军航空兵，并迅速成为俄罗斯海军岸基反潜的中坚力量。

发动机螺旋桨特写

基本参数	
长度	53.08米
高度	12.12米
翼展	50米
重量	90000千克
最高速度	925千米/时
相关简介	

实战性能

图-142反潜巡逻机主要用于担负在世界各大洋打击核潜艇的重任。该机可在远海执行反潜巡逻和侦察任务，并配备了反潜鱼雷、反潜炸弹和反舰导弹，可直接对水面和水下目标进行打击。图-142反潜巡逻机对潜攻击的主要武器包括ATR-2E和ATR-3轻型声导反潜鱼雷，可有效打击潜深600米、航速30节的高速潜艇。图-142反潜巡逻机的机身密布天线系统，可通过"鸢"式搜索瞄准雷达、磁声探测系统和投放无线电浮标识别水下目标，完成300千米范围内对海对潜探测任务。

趣味小知识

图-142反潜巡逻机的反潜过程主要包括搜索探测、识别定位、跟踪攻击等阶段，采用扇形法和方形法对一定海域进行检查搜索。

伊尔-20"黑鸭"电子战飞机

伊尔-20"黑鸭"（IL-20 Coot）电子战飞机是以伊尔-18民航客机为基础改进而来的电子战飞机，从1970年服役至今。

机鼻部位特写

头部特写

研发历史

20世纪50年代，为了支持民航需要，苏联开始筹划研制一款中型客机。伊留申设计局和安东诺夫设计局分别拿出了自己的作品进行竞争，其中伊留申设计局的方案是伊尔-18客机。由于伊尔-18客机性能优异，很快就被苏联军方看中。苏联军方开始寻求将其改造为反潜机和电子侦察机。1970年，在伊尔-18客机基础上改进出的伊尔-20电子战飞机装备部队，北约称其"黑鸭"。

基本参数	
长度	35.9米
高度	10.17米
翼展	37.4米
重量	35000千克
最高速度	675千米/时
相关简介	

实战性能

伊尔-20电子战飞机外形与伊尔-18客机相同，但加装了大量天线罩与天线。在腹部装有长10.25米、高1.15米的雷达罩，内装侧视雷达天线；在前机身两侧各有一个长4.4米、厚0.88米的整流罩，内装各种传感器及照相机。此外，该机还装有照明设备、RP5N-3N航空雷达、NAS-1多普勒导航系统、电子侦察与干扰设备等。

趣味小知识

冷战期间，伊尔-20电子战飞机为苏联获得电子战数据做出了重要贡献。该机经常在挪威海岸上空被发现，有时还在波罗的海以及南面的英国防空区出现。

米格–25R"狐蝠"侦察机

米格-25R"狐蝠"（MiG-25R Foxbat）侦察机是苏联米格-25"狐蝠"战斗机的侦察改进型，1969年开始服役。

机尾喷口特写

进气口特写

基本参数	
长度	19.75米
高度	6.1米
翼展	14.01米
重量	20000千克
最高速度	3470千米/时
相关简介	

研发历史

米格-25战斗机优异的高空高速性能不仅使其成为一款出色的战斗机，同时也具备成为一款优秀的战术乃至战略侦察机的潜力，这一潜力在Ye-155项目刚刚提出时就被苏联空军所发现。于是，米格-25从一开始就分成了两个亚型来发展，在最初的样机制造中，专门为侦察型所制造的样机被称为Ye-155R，最终定型时称为米格-25R。1969年，米格-25R进入苏联空军服役。该机的子型号较多，包括米格-25R基本型、米格-25RB侦察/轰炸型、米格-25RBV侦察/轰炸型、米格-25RR辐射侦察型、米格-25RBT通信侦察型、米格-25RBK电子侦察型、米格-25RBF电子侦察型、米格-25RBS战场态势侦察型等。

实战性能

米格-25R基本型是米格-25R系列最早的批量生产型号，它是米格-25侦察型中唯一一种"纯侦察型号"，其气动外形与米格-25P基本相同，但其头锥部分因为不需要安装直径巨大的截击雷达设备而显得更加细长，尾喷管部分则较截击型有所加长，这种做法虽然使得发动机推力受到了一定的损失，但有效降低了飞行阻力，使得米格-25R的气动外形更加"干净"。米格-25R系列的其他型号在外形上与米格-25R基本型没有太大差别，主要改进是加装武器并更换侦察设备。

趣味小知识

米格-25RB原型机在试飞过程中曾经创下了人类航空史上最高高度和最大速度下投放炸弹的纪录，投弹高度为20000米，投弹速度为2.5马赫，创纪录飞行员为阿维亚德·法斯托维兹。

A-50"支柱"预警机

A-50"支柱"（A-50 Mainstay）预警机是别里耶夫设计局研制的大型预警机，1984年开始服役，截至2019年5月仍在俄罗斯空军和印度空军服役。

机鼻部位特写

尾翼特写

研发历史

A-50预警机的研制工作始于20世纪70年代末，目的是与苏联的第三代超音速战斗机米格-29、苏-27等一起组成20世纪90年代的空中防空体系。该机于1978年首次飞行，1984年开始服役，逐渐取代了苏联第一代预警机图-126。苏联解体后，俄罗斯仍继续使用A-50预警机。此外，印度也进口了少量A-50预警机。

实战性能

A-50预警机是以伊尔-76运输机为基础改进而来的预警机，主要在后者的基础上加装了有下视能力的空中预警雷达，并加长了前机身。A-50预警机早期配备的"野蜂"雷达是一种高重复频率脉冲多普勒雷达，采用了S波段的发射机，发射功率20千瓦。后期的A-50U型装备了"熊蜂M"新型雷达系统，可对敌方电子反制武器进行确定与跟踪，原来存在的强烈噪声和高频行踪问题也有所克服。A-50U型还加强了目标识别、处理速度、无线通信、精确导航等功能，探测目标距离和跟踪目标数量均有所增加。

基本参数

长度	49.59米
高度	14.76米
翼展	50.5米
重量	75000千克
最高速度	900千米/时
相关简介	

趣味小知识

海湾战争期间，苏联空军飞行员曾驾驶A-50预警机在黑海上空巡逻，监视毗邻苏联领空的情况。A-50预警机作为苏联空军的空中前哨，源源不断地将各种情报发回大本营。

安-12"幼狐"运输机

安-12"幼狐"（An-12 Cub）运输机是安东诺夫设计局研制的四发涡轮螺旋桨运输机，1959年开始服役。

头部特写

发动机吊舱特写

研发历史

安-12运输机于1956年首次试飞，1957年投入批量生产，1959年正式服役，1973年停止生产，总产量为1248架，其中民用型约200架。该机曾是苏联运输航空兵的主力，从1974年起逐渐被伊尔-76运输机取代。服役期间，安-12运输机曾参与了苏军的历次重大战斗行动，包括阿富汗战争。安-12运输机除供苏联本国军用和民用外，还向波兰、印度、埃及、叙利亚和伊拉克等国出口，其中大部分供军用，少量供民用。

基本参数	
长度	33.1米
高度	10.53米
翼展	38米
重量	28000千克
最高速度	777千米/时
相关简介	

实战性能

安-12运输机的最大载重为20000千克，最大起飞重量为61000千克。该机的货舱长度为13.5米、最大宽度为3.5米、最大高度为2.6米，货舱容积为97.2立方米。货舱可容纳100名伞兵，或65副伤员担架，或2门小型火炮外加1辆拖车，或1辆中型坦克。由于后机舱不密封，所以运送大批兵员时，飞行高度要限制在5000米以下。

趣味小知识

安-12运输机的规格、尺寸、性能与同时期的美国C-130"大力神"运输机非常相似，被视为其对应版本。

安-124"秃鹰"运输机

安-124"秃鹰"（An-124 Condor）运输机是安东诺夫设计局研制的四发远程运输机，1986年开始服役。

尾翼特写

起落架特写

基本参数	
长度	68.96 米
高度	20.78 米
翼展	73.3 米
重量	175000 千克
最高速度	865 千米/时
相关简介	

研发历史

安-124运输机的计划名称为安-40，研发目的是生产一款比安-22更大的运输机。第一架原型机在1982年12月26日首次试飞，第二架原型机在1985年的巴黎航空展上首次向西方国家亮相，而飞机名称同时改为安-124。1986年，第五架原型机参加了英国范登堡国际航展，引起国际轰动。同年，安-124运输机交付使用。该机于2014年停产，总产量为55架。除苏联（苏联解体后，俄罗斯和乌克兰均有继承）外，英国、利比亚和阿联酋等国也进口了安-124运输机，多数作为民用。

实战性能

安-124运输机的机腹贴近地面，机头机尾均设有全尺寸货舱门，分别向上和向左右打开，货物能从贯穿货舱中自由出入。货舱分为上下两层。上层舱室较狭小，除6名机组人员和1名货物装卸员外，还可搭载88名乘客。下层主货舱容积为1013.76立方米，载重可达150吨。货舱顶部装有2个起重能力为10吨的吊车，地板上还另外有2部牵引力为3吨的绞盘车。安-124运输机的货舱前后舱门采用液压装置开闭，分别可在7分钟和3分钟内打开。由于货舱空间很大，安-124运输机能够运载普通飞机机身、化工塔器等大型货物。

趣味小知识

1985年，安-124运输机创下了载重171219千克物资，飞行高度10750米的世界纪录，打破了由美国C-5运输机创造的原世界纪录。此外，安-124运输机还拥有20多项国际航空联合会承认的世界飞行纪录。

伊尔-76"耿直"运输机

伊尔-76"耿直"（IL-76 Candid）运输机是伊留申设计局研制的四发大型军民两用战略运输机，1974年6月开始服役。

机鼻部位特写

主翼特写

研发历史

20世纪60年代后期，由于安-12运输机作为苏联军事空运主力已经显得载重小和航程不足，苏联为了提高其军事空运能力，急需一种航程更远、载重更大、速度更快的新式军用运输机。于是，伊留申设计局以美国C-141运输机为假想敌，设计了伊尔-76运输机。该机于1971年3月25日首次试飞，1974年6月正式服役。

基本参数	
长度	46.59米
高度	14.76米
翼展	50.5米
重量	92500千克
最高速度	900千米/时
相关简介	

实战性能

伊尔-76运输机的机身为全金属半硬壳结构，截面基本呈圆形。机头呈尖锥形，机舱后部装有两扇蚌式大型舱门，货舱内有内置的大型伸缩装卸跳板。该机装有绞车、舱顶吊车、导轨等必备的装卸设备，方便装卸工作。由于设计时的各种局限，伊尔-76运输机早期型的货舱宽度有限（货舱尺寸为20米×3.4米×3.4米），以致苏军主战坦克必须拆除侧裙板才能装进货舱内，非常不方便。另外，载重也较为有限(48吨)。不过，这些缺点在后期改进型上得以弥补，后期改进型的载重达到了60吨。

趣味小知识

2015年4月25日，尼泊尔发生8.1级地震，震源深度20千米，震后1个月内4级以上余震265次。同年5月，俄罗斯曾派出1架伊尔-76运输机赴尼泊尔救援。

伊尔-78"大富翁"空中加油机

伊尔-78"大富翁"（IL-78 Midas）空中加油机是伊留申设计局在伊尔-76"耿直"运输机基础上改装的空中加油机，1984年开始服役。

头部特写

主翼特写

研发历史

苏联早期的空中加油机采用图-16和Mi-4轰炸机改装，加油能力非常有限。1982年，伊留申设计局开始在伊尔-76MD运输机的基础上研制伊尔-78空中加油机。该机于1983年6月26日首次试飞，翌年开始服役。伊尔-78空中加油机先后有伊尔-78、伊尔-78T、伊尔-78M、伊尔-78ME、伊尔-78MP等型号问世，各种型号一共制造了53架。苏联解体后，俄罗斯和乌克兰各继承了一部分伊尔-78空中加油机。此外，还出口到印度、巴基斯坦、阿尔及利亚、利比亚等国。

基本参数	
长度	46.59米
高度	14.76米
翼展	50.5米
重量	72000千克
最高速度	850千米/时
相关简介	

实战性能

伊尔-78空中加油机采用三点式空中加油系统，加油管长26米，可通过机腹加油点为1架重型轰炸机、机翼加油点为2架战术飞机同时进行空中加油。伊尔-78早期型安装的UPAZ-1A吊舱的正常输油率为1000升/分，伊尔-78后期型换装了UPAZ-1M吊舱，性能更先进，输油能力提高到2340升/分。伊尔-78后期型的最大载油量达106吨，输油软管的拖出长度比伊尔-78早期型更长，进行空中加油时的安全性也相对较高。

趣味小知识

伊尔-78空中加油机主要用于给远程飞机、前线飞机和军用运输机进行空中加油，同时还可用作运输机，并可向机动机场紧急运送燃油。

雅克-130"手套"教练机

雅克-130"手套"（YaK-130 Mitten）教练机是雅克列夫设计局研制的亚音速双座高级教练机，2010年2月开始服役。

驾驶舱外部特写

研发历史

从20世纪70年代开始，苏联一直将捷克斯洛伐克生产的L-39C"信天翁"高级教练机作为其教练机队的主力。20世纪80年代末，苏联空军和国土防空军决定开始研制下一代专用高级教练机，该项目的研制计划书随即下发到各个设计局。最终，雅克列夫设计局成为获胜者。雅克-130的第一架原型机于1994年11月下线，1996年4月开始试飞。首架量产型的雅克-130于2004年4月首次试飞，之后又有几架飞机相继参加试飞。2010年2月，雅克-130正式服役。

尾翼特写

基本参数	
长度	11.49米
高度	4.76米
翼展	9.84米
重量	4600千克
最高速度	1060千米/时
相关简介	

实战性能

雅克-130教练机具有优良的气动外形和先进的机载电子设备，安全系数较高，使用寿命较长，既可以用于培训苏-30和米格-29战斗机飞行员，也可以担负多种类型欧美战斗机飞行员的训练任务。就飞机性能而言，雅克-130教练机可以在现代战斗机所能遇到的所有飞行状态下飞行，利用这种教练机训练的飞行员可以驾驶多种战斗机。该机的机腹和翼下共有9个外挂点，可带俄制和西方的武器或副油箱，固定武器包括机腹23毫米或30毫米航炮吊舱。

趣味小知识

雅克-130教练机采用了时下流行的玻璃化座舱设计，醒目的3个多功能显示屏从左到右分别显示飞控信息、战术信息和飞机状态。

卡-25"激素"直升机

卡-25直升机是卡莫夫设计局研制的反潜直升机,北约代号为"激素"(Hormone)。该机一共制造了460架,从1972年服役至今。

旋翼桨毂特写

尾翼特写

基本参数	
长度	9.75米
高度	5.37米
旋翼直径	15.7米
重量	4765千克
最大速度	209千米/时
相关简介	

研发历史

卡-25直升机于1963年4月首次试飞,其原型机为卡-20"竖琴"(Harp)直升机。卡-25直升机的主要型别包括:卡-25A,基本型;卡-25B,电子战型;卡-25C,通用搜索救援型;卡-25K,民用起重型。除了装备苏联军队,卡-25直升机还出口到印度、保加利亚、叙利亚、越南等国,并参与了苏伊士运河的扫雷工作。截至2019年4月,卡-25直升机仍在叙利亚海军服役。

实战性能

卡-25直升机的机舱有很充裕的空间。反潜时,可容纳2~3名系统操作员。载客时,可容纳12个折叠椅。该机有自动驾驶仪、导航系统、无线电罗盘、无线电通信设备和全天候飞行用照明系统,反潜型安装有搜索雷达、投吊式声呐和拖曳式磁异探测器。

趣味小知识

卡-25直升机使用两台涡轮轴发动机,安装在机舱顶部两侧,带动两组三叶共轴旋翼,旋翼相互反向旋转。这样就取消了为抵抗扭转而设置的尾桨。

卡-27"蜗牛"直升机

卡-27直升机是卡莫夫设计局研制的反潜直升机,北约代号为"蜗牛"(Helix)。该机一共制造了267架,从1982年服役至今。

旋翼桨毂特写

起落架特写

研发历史

卡-27直升机的设计工作始于1970年,第一架原型机于1973年12月首次试飞。20世纪80年代初,卡-27直升机研制成功并投入生产。1982年,卡-27直升机正式服役,用来取代已经服役十年之久的卡-25直升机。由于要求使用相同的机库,卡-27直升机被要求具备与卡25直升机相似的外观尺寸。除苏联(俄罗斯)外,越南、韩国和印度等国的军队也装备了卡-27直升机。

基本参数	
长度	11.3米
高度	5.5米
旋翼直径	15.8米
重量	6500千克
最大速度	270千米/时
相关简介	

实战性能

卡-27直升机的机身采用传统的半硬壳式结构,机身两侧带有充气浮筒,紧急情况下可在水上降落。为适应在海上使用,机身材料采用抗腐蚀金属。由于共轴双旋翼的先进性能,卡-27直升机的升重比高,总体尺寸小,机动性好,易于操纵。此外,卡-27直升机的零件要比传统设计的直升机少1/4,且大多数与俄罗斯陆基直升机相同。由于卡-27直升机是以反潜型来设计的,所以只装备了机腹鱼雷、深水炸弹及其他基础武器。

趣味小知识

对于卡-27直升机的飞行员来说,最好的事情就是卡-27直升机没有尾桨,因此他们的脚无须踩在踏板上控制尾桨,可以在需要的时候站起来观察。

Chapter 02 军用飞机

米-24"雌鹿"直升机

米-24"雌鹿"（Mi-24 Hind）直升机是米里设计局研制的苏联第一代专用武装直升机，1972 年开始服役。

翼下挂架特写

机鼻部位特写

研发历史

1968 年，苏联陆军提出了米-24 直升机的设计要求，由米里担任总设计师，1969 年原型机首次试飞。1970 年米里去世之后，季莫申科接替了他的职务，并主持设计了后来大量装备军队的米-24D 直升机。米-24 直升机于 1971 年定型，1972 年年底投入批生产，随后开始装备部队使用。除了俄罗斯使用，米-24 直升机还出口到多个国家，包括阿富汗、阿尔及利亚、安哥拉、印度、伊拉克、利比亚、尼加拉瓜、越南、也门等。

基本参数

长度	17.5 米
高度	6.5 米
旋翼直径	17.3 米
重量	8500 千克
最高速度	335 千米/时
相关简介	

实战性能

米-24 直升机的主要武器为 1 挺 12.7 毫米"加特林"四管机枪。该机有 4 个武器挂载点，可挂载 4 枚 AT-2"蝇拍"反坦克导弹，或 128 枚 57 毫米火箭弹（4 具 UV-32-57 火箭发射器）。此外，还可挂载 1500 千克化学或常规炸弹，以及其他武器。米-24 直升机的机身装甲很强，可以抵抗 12.7 毫米子弹攻击。

趣味小知识

米-24 直升机的作战任务主要为压制敌方地面部队和防空火力，并且能够运输少量的步兵执行战术作战。因为外形轮廓和迷彩纹路和鳄鱼相似，苏联飞行员称其为"飞行战车"或"鳄鱼"。

米-28"浩劫"直升机

米-28"浩劫"（Mi-28 Havoc）直升机是米里设计局研制的单旋翼带尾桨全天候专用武装直升机，1996年开始服役。

驾驶舱外部特写

机鼻部位特写

研发历史

米-28直升机于1972年开始设计，1982年11月首次试飞，1989年6月完成90%的研制工作，并在法国的国际航空展首次亮相。由于设计思维大量借鉴了AH-64"阿帕奇"直升机，因此米-28被西方国家戏称为"阿帕奇斯基"。虽然自问世以来，米-28直升机的综合性能受到俄军的高度肯定，然而苏联解体之后的俄军缺乏足够的采购经费，因此很长一段时间都无力购买。目前，俄罗斯装备了少量米-28直升机。此外，委内瑞拉、土耳其等国也曾少量采购。

基本参数	
长度	17.01米
高度	3.82米
旋翼直径	17.20米
重量	8100千克
最高速度	325千米/时
相关简介	

实战性能

米-28直升机的主要武器为1门30毫米2A42机炮，备弹250发。该机有4个武器挂载点，可挂载16枚AT-6反坦克导弹，或40枚火箭弹（2个火箭巢）。此外，还可以挂载AS-14反坦克导弹、R-73空对空导弹、炸弹荚舱、机炮荚舱。米-28直升机的机身横截面小，有助于提高灵活性和生存能力。座舱安装了50毫米厚的防弹玻璃，能承受12.7毫米枪弹的打击。旋翼叶片上有丝状玻璃纤维包裹，发动机和油箱都有周到的防护措施。

趣味小知识

2009年6月19日，俄罗斯陆军1架米-28N直升机在进行火箭弹发射试验时坠毁。这是米-28直升机首次发生坠毁事故。

卡-50"黑鲨"直升机

卡-50"黑鲨"（Ka-50 Black Shark）直升机是卡莫夫设计局研制的单座武装直升机，从1995年服役至今，主要用户为俄罗斯空军和俄罗斯海军航空兵。

驾驶舱内部特写

机鼻部位特写

基本参数	
长度	13.5米
高度	5.4米
旋翼直径	14.5米
重量	7800千克
最高速度	350千米/时
相关简介	

研发历史

卡-50直升机于1977年完成设计，1982年7月27日首次试飞，1984年首次对外公开，1991年开始交付使用，1992年年底获得初步作战能力，1995年8月正式服役。幸运的是，在苏联解体大砍军费前，卡-50直升机就已经进入了全尺寸生产阶段，所以只被减少了建造数量，整个项目并没有因此夭折。

实战性能

卡-50直升机装有1门液压驱动的30毫米2A42机炮，最大载弹量为500发。机身上共有4个武器挂载点，可挂载16枚AT-9"旋风"反坦克导弹，或80枚80毫米S8型空对地火箭（4个火箭弹舱）。此外，还可使用AS-12导弹、P-60M"蚜虫"导弹、P-73"射手"导弹、FAB-500型炸弹、23毫米机炮吊舱等。卡-50直升机的座舱具有双层防护钢板，能够抵挡住12.7毫米子弹的射击。座椅下方还装有蜂巢式底架，可以减缓震动，防止飞行员在坠毁或重落地时受伤。最重要的是，卡-50直升机是第一架像战斗机一样配备了弹射座椅的直升机，飞行员利用此装置逃生只需要短短2.5秒。

趣味小知识

卡-50直升机的机尾只是为了平衡全机的空气动力和改善操纵性，即使整个尾部被打掉，卡-50直升机依然可以安全着陆。

卡-52"短吻鳄"直升机

卡-52"短吻鳄"（Ka-52 Alligator）直升机是卡莫夫设计局在卡-50直升机的基础上改进而来的武装直升机，从2011年服役至今。

旋翼桨毂特写

驾驶舱玻璃前挡特写

研发历史

20世纪末，为了更好地发挥威力，卡-50直升机非常需要一个能为其提供战场情报、进行协调与控制的保障机。这样，能够提供各种情报、进行战场控制的双座型卡-52也就应运而生了。该机于1997年6月首次试飞，2011年11月正式服役。

基本参数	
长度	15.96米
高度	4.93米
旋翼直径	14.43米
重量	8300千克
最高速度	310千米/时
相关简介	

实战性能

卡-52直升机最显著的特点是采用并列双座布局的驾驶舱，而非传统的串列双座。该机有85%的零部件与已经批量生产的卡-50直升机通用。卡-52直升机装有1门不可移动的23毫米机炮，短翼下的4个武器挂架可挂载12枚超音速反坦克导弹，也可安装4个火箭发射巢。为消灭远距离目标，卡-52直升机还可挂载X-25MJI空对地导弹或P-73空对空导弹等。卡-52直升机具有最新的自动目标指示仪和独特的高度程序，能为武装直升机群进行目标分配，以充分发挥卡-50直升机的作用，并协调卡-50机群的战斗行动。

趣味小知识

虽然卡-52直升机是专门为陆军航空兵研制的武装直升机，但在必要时，它也可在舰艇甲板安全着舰。

Chapter 02 军用飞机

卡-60"逆戟鲸"直升机

卡-60"逆戟鲸"（Ka-60 killer whale）直升机是俄罗斯卡莫夫设计局研制的双发多用途直升机，2010年开始服役。

研发历史

卡-60直升机的原型机于1990年开始制造，1997年公开展示，1998年进行首次飞行。由于俄罗斯经济状况不佳，卡-60直升机一直未能量产，直到2010年后才开出生产线，并获得一些外销订单（巴西和哥伦比亚），俄罗斯本身预计订购100架以上，它将成为未来俄罗斯陆军航空兵的重要武器装备。

基本参数	
长度	15.6米
高度	4.6米
旋翼直径	13.5米
重量	3500千克
最高速度	308千米/时
相关简介	

实战性能

卡-60直升机放弃了卡莫夫设计局传统的共轴反转旋翼布局，总体布局为4片桨叶旋翼和涵道式尾桨布局，可收放式三点吸能起落架。该机有完美的空气动力外形，每侧机身都开有大号舱门，尾桨有11片桨叶。座舱内的座椅具有吸收撞击能量的能力。卡-60直升机可以负担攻击、巡逻、搜索、救援行动、医疗后送、训练、伞兵空投和空中侦察等多种任务，其座舱可搭载12～14名乘员，要人专机布局时安装5个座椅。

趣味小知识

卡-60直升机不仅可以单独执行多种任务，还可与卡-50和米-28武装直升机组成混合攻击编队，对敌方重要目标实施猛烈的突然的袭击，达到突袭效果。

卡-137 无人机

卡-137 无人机是俄罗斯卡莫夫设计局研制的多用途无人驾驶直升机，适用于执行边防巡逻、战地侦察、生态监测、森林防火和渔场监护等多种任务。

研发历史

卡-137 无人机于 1994 年开始研制，1995 年完成草图设计，1999 年定型投产并开始装备俄罗斯陆军和边防部队。卡-137 无人机适合军民两用，用途非常广泛，只需通过重组多任务传感器，就可实现任务转换。

实战性能

卡-137 无人机的球形机体堪称世界无人机中的一怪，其机体分上下两个功能部分，上部装有 1 台赫兹 2706-R05 活塞发动机，功率为 50 千瓦，还有燃油、控制系统及测高仪和卫星导航系统。下部用于放置任务系统，可根据用途和任务放置不同设备，如电视或红外摄像系统、无线电定位装置和信号传送装置等，总共可携带 80 千克有效载荷。

基本参数

机身直径	1.3 米
机身高度	2.3 米
旋翼直径	5.3 米
重量	200 千克
最高速度	175 千米/时
相关简介	

趣味小知识

卡-137 无人机可以完全自主飞行，自动导航精度在 60 米之内。

"鳐鱼"无人机

"鳐鱼"（Skat）无人机是米格航空器集团研制的隐身无人攻击机，截至2019年5月仍处于前期研发阶段。

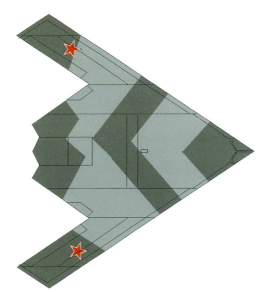

基本参数	
长度	10.25 米
高度	2.7 米
翼展	11.5 米
最大起飞重量	10000 千克
最高速度	800 千米/时
相关简介	

验证机

侧面特写

研发历史

早在 2004 年,俄罗斯国防部就决定发展一种用于执行对地攻击任务的空中无人作战系统,包括米格和苏霍伊在内的多家俄罗斯航空企业都加入了竞争,获胜者将得到俄罗斯国防部的研究经费支持。在苏霍伊的竞争方案还处于严格保密阶段时,米格就在 2008 年莫斯科航展中率先公布了"鳐鱼"无人机,目的就是希望赢得先机。不过,由于俄罗斯政府拨付的资金不足且迟迟没有到位,截至 2019 年 5 月,"鳐鱼"无人机仍然没有开始进行飞行试验。

实战性能

"鳐鱼"无人机采用"无尾飞翼"布局,十分强调隐身性能,其机翼前、后缘和机身边缘采用平行设计,将高强度雷达反射波集中到与机身前、后缘垂直的四个方向上;进气道位于机身上方接近机头部位,采用单进气口"叉式"进气,两个分叉的进气道由一个垂直隔膜分开,以防止入射雷达波直接照射发动机风扇的迎风面后形成强反射源;另外,机腹武器舱门和机身所有口盖边缘也被设计成锯齿状。"鳐鱼"无人机拥有 2 个内置武器弹舱,能够携带像 Kh-31 反舰导弹(弹体长度达 4.7 米)这样的大型精确打击武器,以及 KAB-500 精确制导炸弹和 Kh-31P 反辐射导弹等武器。

趣咪小知识

"鳐鱼"无人机不仅能够对水面目标和地面目标发起攻击,还能执行压制敌方地面防空系统的任务。

Chapter 03

军用舰船

  冷战时期，苏联造船工业实力雄厚，在潜艇建造方面尤其突出。苏联解体后，绝大多数的造船厂都分配给了乌克兰，所以俄罗斯的造船技术严重衰退。目前，俄罗斯海军装备的舰船大多数是苏联时期的老旧舰船，新近研发的舰船也几乎都是中小型舰船。

"莫斯科"级直升机航空母舰

"莫斯科"级直升机航空母舰（Moskva class helicopter carrier）是苏联于 20 世纪 60 年代建造的直升机航空母舰，一共建造了 2 艘，在 1967—1991 年服役。

基本参数	
满载排水量	17500 吨
长度	196.6 米
宽度	35 米
吃水	7.6 米
最高速度	31 节
相关简介	

研发历史

1961 年 8 月，美国建造的第一艘专门用来携带 16 枚"北极星"弹道导弹的核潜艇"伊桑·艾伦"号开始服役。为了应对美国弹道导弹核潜艇的威胁，时任苏联海军总司令的戈尔什科夫元帅批准了 1123 型反潜巡洋舰的战役战术任务书。该任务书要求新舰必须搭载 14 架卡-25 反潜直升机，因此 1123 型实际上就是一种直升机航空母舰。不过，当时苏军高层信奉"核战至上论"，认为航空母舰没有价值，所以 1123 型只能以"反潜巡洋舰"的角色去回避政治定位。首舰"莫斯科"号于 1962 年 12 月开工，1967 年 12 月服役。二号舰"列宁格勒"号于 1965 年 1 月开工，1969 年 6 月服役。

实战性能

"莫斯科"级直升机航空母舰采用混合式舰型，舰体前半部为典型的巡洋舰布置，舰体后半部则是宽敞的直升机飞行甲板。舰艏有 2 座十二联装 RBU-6000 反潜火箭发射架，其后方为 1 座双联装 SUW-N-1 反潜导弹发射架，再后方为 2 座 SA-N-3 防空导弹发射架，舰桥两侧另有 2 座双联装 57 毫米防空炮。此外，还有 5 座双联装 533 毫米鱼雷发射管。该级舰最多可搭载 30 架直升机，主要型号为卡-25"激素"反潜直升机和米-8"河马"运输直升机。

趣味小知识

因"莫斯科"号和"列宁格勒"号服役后被指在风浪较大的海面行进时操控性不佳，三号舰"基辅"号被取消建造。

"基辅"级航空母舰

"基辅"级航空母舰（Kiev class aircraft carrier）是苏联于20世纪70年代建造的一级航空母舰，是苏联第一级搭载固定翼舰载机的航空母舰。

对空导弹发射装置

飞行甲板特写

基本参数	
满载排水量	43500 吨
长度	274 米
宽度	53 米
吃水	10 米
最高速度	32 节
相关简介	

研发历史

20世纪70年代，苏联海军出于战略上的需要，决定建造新一代的可搭载固定翼飞机的航空母舰，由涅夫斯基工程设计局负责设计航空母舰，雅克列夫设计局负责设计舰载机。"基辅"级航空母舰一共建造了4艘，首舰"基辅"号于1975年1月服役，二号舰"明斯克"号于1978年9月服役，三号舰"诺沃罗西斯克"号于1982年9月服役，四号舰"戈尔什科夫"号于1987年1月服役。

实战性能

与美国乃至西方其他国家的航空母舰不同，"基辅"级航空母舰本身就拥有强大的火力，装有标准的巡洋舰武装，对舰载机依赖性较小。该舰的主要武器包括4座双联装P-500"玄武岩"反舰导弹发射装置、2座双联装M-11"施托姆"舰对空导弹发射装置、2座双联装9K33"奥萨"舰对空导弹发射装置、2座双联装76.2毫米防空炮、8座AK-630型30毫米近防炮、2座五联装鱼雷发射管、1座双联装SUW-N-1反潜火箭发射器等。"基辅"级航空母舰通常搭载33架舰载机，包括12架雅克-38"铁匠"战斗机，以及21架卡-25或卡-27直升机（多数用于反潜，少数用于超视距引导）。

趣味小知识

由于"基辅"级航空母舰的左侧甲板过短，雅克-38战斗机实际上只能垂直起降，对甲板破坏极大，加上事故频发，最终被迫下舰，使得"基辅"级航空母舰实际上又沦为直升机航空母舰。

"库兹涅佐夫"号航空母舰

"库兹涅佐夫"号航空母舰（Russian aircraft carrier Kuznetsov）是苏联建造的大型航空母舰，目前是俄罗斯海军唯一的现役航空母舰，部署于俄罗斯海军北方舰队。

飞行甲板特写

舰首特写

研发历史

1983年2月22日，苏联开始在尼古拉耶夫造船厂建造第一艘大型航空母舰，该舰先后被命名为"苏联"号、"克里姆林宫"号、"布里兹涅夫"号、"第比利斯"号，1991年服役时更名为"库兹涅佐夫"号。该级舰的二号舰"瓦良格"号于1985年12月开工建造，但最终由于苏联解体、经济衰退而被迫下马。

技术数据	
满载排水量	61390 吨
长度	305 米
宽度	72 米
吃水	10 米
最高速度	29 节
相关简介	

实战性能

"库兹涅佐夫"号航空母舰的载机方案为20架苏-33战斗机，15架卡-27反潜直升机，4架苏-25UGT教练机和2架卡-31预警直升机。该舰的舰载机需要使用本身的动力，冲上跳板升空。这种设计比起采用平面弹射器的航空母舰具备更高的飞机起飞角度和高度，所需要的操作人员较少，但也带来了舰载机设计难度大、起飞重量受限、对飞行员技术要求高等弊端。"库兹涅佐夫"号航空母舰除舰载机外，还拥有大量的武器装备，其战斗力比普通巡洋舰都强。

趣味小知识

"库兹涅佐夫"号航空母舰的舰名来源于苏联海军元帅尼古拉·格拉西莫维奇·库兹涅佐夫，他是二战时期的苏联海军总司令，"苏联英雄"称号获得者。

"克里斯塔Ⅰ"级巡洋舰

"克里斯塔Ⅰ"级巡洋舰（Kresta Ⅰ class cruiser）是苏联于20世纪60年代建造的导弹巡洋舰，一共建造了4艘，在1967—1994年服役。

研发历史

"克里斯塔Ⅰ"级巡洋舰的首舰"佐祖利亚"号于1964年7月开工，1965年10月下水，1967年10月服役。该级舰主要用于反舰任务，随着苏联海军优先任务转移到反潜，最终只建造了4艘。四号舰"塞瓦斯托波尔"号于1966年6月开工，1969年9月服役。20世纪90年代中期，"克里斯塔Ⅰ"级巡洋舰退出现役。

基本参数	
满载排水量	7500 吨
长度	155.6 米
宽度	17 米
吃水	6 米
最高速度	34 节
相关简介	

实战性能

"克里斯塔Ⅰ"级巡洋舰的装甲为焊接钢板，防护能力较为出色。该级舰的主要武器包括2座双联装SS-N-3B型舰对舰导弹发射装置、2座双联装SA-N-1舰对空导弹发射装置、2座双联装57毫米80倍口径舰炮、2座RBU-6000反潜火箭深弹发射器、2座RBU-1000反潜火箭深弹发射器、2座五联装553毫米鱼雷发射器。此外，还可搭载1架卡-25直升机。

> **趣味小知识**
>
> "克里斯塔Ⅰ级巡洋舰全部由列宁格勒日丹诺夫造船厂建造。

"克里斯塔Ⅱ"级巡洋舰

"克里斯塔Ⅱ"级巡洋舰（Kresta Ⅱ class cruiser）是"克里斯塔Ⅰ"级巡洋舰的反潜改进型，一共建造了10艘，在1968—1993年服役。

研发历史

"克里斯塔Ⅱ"级巡洋舰是"克里斯塔Ⅰ"级巡洋舰的反潜改进型，装备新的SS-N-14"火石"反潜导弹、SA-N-3防空导弹及新的声呐。"克里斯塔Ⅱ"级巡洋舰的10艘同级舰全由圣彼得堡泽但诺夫船厂建造，于20世纪60年代后期服役，冷战结束后迅速退役。

基本参数

满载排水量	7535吨
长度	159米
宽度	17米
吃水	6米
最高速度	34节
相关简介	

实战性能

"克里斯塔Ⅱ"级巡洋舰的主要武器包括2座四联装SS-N-14"火石"反潜导弹发射装置、2座双联装SA-N-3舰空导弹（备弹72枚）发射装置、2座双联装57毫米70倍径AK-725舰炮、4座30毫米AK-630近程防御武器系统、2座五联装533毫米鱼雷发射管。该级舰设有直升机飞行甲板和机库，可搭载1架卡-25直升机。

趣味小知识

20世纪60年代，美国"北极星"弹道导弹潜艇给苏联海军构成了新的威胁，苏联决定加大远洋反潜力度，重点发展10艘"克里斯塔Ⅱ"级巡洋舰即是当时一个主要举措。

Chapter 03 军用舰船

"金达"级巡洋舰

"金达"级巡洋舰（Kynda class cruiser）是苏联于 20 世纪 60 年代建造的导弹巡洋舰，一共建造了 4 艘，在 1962—2002 年服役。

研发历史

"金达"级巡洋舰最初是苏联因应美国强大的航空母舰力量威胁而建造的。该级舰在 1960 年至 1965 年建造，一共建造了 4 艘，即"格罗兹尼"号、"福金"号、"戈洛夫科"号和"瓦良格"号。其中，"戈洛夫科"号一直服役至 2002 年。

实战性能

"金达"级巡洋舰装有 2 座四联装 SS-N-3 反舰导弹发射装置，这种导弹的射程可达 764 千米。2 座 SS-N-3 反舰导弹发射装置，可同时攻击两个目标。在上层建筑内还设计了专门的贮弹库，另存有 8 枚导弹，随时可为 SS-N-3 反舰导弹发射装置进行二次装填。此外，舰上主要武器还有舰艏 1 座 SA-N-1 防空导弹双臂发射装置，舰艉 2 座双联装 76 毫米炮，20 世纪 80 年代早期在前烟囱两侧加装了 4 座 AK-630 舰炮。

基本参数	
满载排水量	5500 吨
长度	141.9 米
宽度	15.8 米
吃水	5.3 米
最高速度	34 节
相关简介	

趣味小知识

"金达"级巡洋舰总体上采用长艏楼线形，舰艏尖瘦狭长，艏甲板向末端有小幅上翘，并有轻微外飘，尾部呈圆形。

"卡拉"级巡洋舰

"卡拉"级巡洋舰（Kara class cruiser）是苏联建造的大型反潜巡洋舰，一共建造了7艘，苏联解体后在俄罗斯海军持续服役至2014年。

研发历史

"卡拉"级巡洋舰的首舰"尼古拉耶夫"号于1968年开工，1969年下水，1971年开始服役。二号舰"奥恰科夫"号、三号舰"刻赤"号、四号舰"亚速"号、五号舰"彼得罗巴甫洛夫斯克"号、六号舰"塔什干"号、七号舰"符拉迪沃斯托克"号分别在1973、1974、1975、1976、1977、1979年入役。截至2019年5月，该级舰仅有"刻赤"号被留作预备役，其他各舰均已退役拆解。

基本参数

满载排水量	9700吨
长度	173.2米
宽度	18.6米
吃水	6.7米
最高速度	34节
相关简介	

实战性能

"卡拉"级巡洋舰由"克列斯塔Ⅱ"级巡洋舰改进而来，为了克服后者舰内空间紧张和上甲板面积不足的缺点，在其舰桥和中部塔桅之间插入了一个约15米长的舰体分段，使其桥楼长度达到"克列斯塔Ⅱ"级巡洋舰的两倍，甲板的宽度也增大了1米。此举不仅大大改善了居住性，有利于设置指挥舱室和控制舱室，对于增设新武器和传感器也有帮助。因为反潜是"卡拉"级巡洋舰的首要任务，所以它装备的反潜武器比较齐全。此外，还装有必要的防空武器，但没有任何专用的反舰武器。

趣味小知识

在2014年俄罗斯和乌克兰围绕克里米亚的军事对峙中，俄罗斯海军在克里米亚半岛西部的米尔内港将已退役的"奥恰科夫"号巡洋舰凿沉，下沉的船体锁死了港口的主航道。

"基洛夫"级巡洋舰

"基洛夫"级巡洋舰（Kirov class cruiser）是苏联于20世纪70年代开工建造的大型核动力巡洋舰，一共建造了4艘，1980年开始服役，目前仍装备于俄罗斯海军。

舰部特写

上层建筑特写

研发历史

"基洛夫"级巡洋舰是苏联海军与美国海军进行军备竞赛的产物，是苏联海军为实现从近海走向远洋、从防御走向进攻、与美国海军争霸海洋的海军战略而制订的海军发展规划的组成部分之一。首舰"乌沙科夫上将"号于1973年开始建造，1980年12月服役。二号舰"拉扎耶夫上将"号于1984年服役，三号舰"纳希莫夫上将"号于1988年服役，四号舰"彼得大帝"号于1996年服役。截至2019年5月，"彼得大帝"号仍在俄罗斯海军服役，"纳希莫夫上将"号则在接受现代化改造，其余2艘已经退役。

基本参数	
满载排水量	28000 吨
长度	252 米
宽度	28.5 米
吃水	9.1 米
最高速度	32 节
相关简介	

实战性能

"基洛夫"级巡洋舰因为没有装备相控阵雷达，其防空能力稍逊于美国"提康德罗加"级巡洋舰，而且不具备对陆攻击能力。但从俄罗斯巡洋舰的作战使命考虑，"基洛夫"级巡洋舰的综合作战能力并不逊色。该级舰的反舰导弹采用垂直发射系统，没有采用美国的箱式发射筒，而是采用了圆环形排列导弹的方式。圆环形的一圈导弹在甲板上仅有供1枚导弹发射的开口，1枚导弹发射出去，机构带动圆环旋转，将下一枚导弹转动至发射位置。"基洛夫"级巡洋舰庞大的舰体能容纳3架卡-27或卡-25直升机，机库在舰艉甲板下。

趣味小知识

"基洛夫"级巡洋舰的外形设计比较紧凑，上层建筑主要布置在中后部。与凌乱的苏联其他舰船相比，"基洛夫"级巡洋舰的前后甲板相当光滑。

"光荣"级巡洋舰

"光荣"级巡洋舰（Slava class cruiser）是苏联时期研制的常规动力巡洋舰，一共建造了3艘，从1982年服役至今。

基本参数

满载排水量	12500 吨
长度	186.4 米
宽度	20.8 米
吃水	8.4 米
最高速度	32 节
相关简介	

研发历史

20世纪60年代后期，面对美国越来越强大的水面舰艇兵力，苏联不得不改变过去片面强调发展潜艇，轻视发展大型水面舰艇的做法，开始建造航空母舰等大型水面舰艇，包括"基洛夫"级巡洋舰。由于"基洛夫"级巡洋舰采用核动力，满载排水量高达28000吨，因而建造和维护耗资巨大，难以批量建造和使用。为了配合苏联远洋航空母舰，弥补"基洛夫"级巡洋舰的缺陷，苏联开始建造更经济的缩小版"基洛夫"级，即"光荣"级巡洋舰。

实战性能

"光荣"级巡洋舰被称为缩小型的"基洛夫"级巡洋舰，舰载武器在一定程度上相似。其中，P-500"玄武岩"反舰导弹是"光荣"级巡洋舰最重要的对舰武器，主要用于打击敌方航空母舰和其他大型作战舰只。该导弹具有射程远、飞行速度快、抗干扰能力强、战斗部威力大、命中率高、毁伤能力强等特点，在无中继制导时射程为50千米，在有中继制导时为550千米，飞行速度为1.7～2.5马赫，发射质量4800千克，战斗部重500千克，并可与核装药互换。

趣味小知识

"光荣"级巡洋舰的舰艏为高干舷，有利于抗浪。舰体从头到尾明显外飘，有利于增加甲板面积，提高适航性和稳定性，并降低舰艇的纵摇和升沉。

"卡辛"级驱逐舰

"卡辛"级驱逐舰（Kashin class destroyer）是苏联在二战后设计建造的导弹驱逐舰，截至2019年5月仍有1艘在俄罗斯海军服役。

研发历史

"卡辛"级驱逐舰一共建造了25艘，其中俄罗斯海军装备20艘（有1艘转售波兰海军），印度海军装备5艘。俄罗斯海军的首舰于1962年12月开始服役，而印度海军的首舰于1980年9月开始服役。截至2019年5月，"卡辛"级驱逐舰仍有1艘在俄罗斯海军服役，而印度海军装备的5艘全部在役。

基本参数	
满载排水量	4390吨
长度	144米
宽度	15.8米
吃水	4.6米
最高速度	33节
相关简介	

实战性能

"卡辛"级驱逐舰的舰载武器包括：2座双联装76.2毫米炮，射速90发/分，射程15千米；4座6管30毫米炮，射程2千米，射速3000发/分；4座SS-N-2C"冥河"舰对舰导弹发射装置，射程83千米；2座双联装SA-N-1"果阿"舰对空导弹发射装置，射程31.5千米，共载有32枚导弹；1座五联装533毫米两用鱼雷发射管；2座RBU-6000型12管回转式反潜深弹发射装置，射程6000米，共载有120枚火箭。

趣味小知识

印度海军于20世纪80年代从苏联引进了5艘"卡辛"级驱逐舰，并重新命名为"拉吉普特"级驱逐舰，主要用于保护印度的航母舰队免受敌方潜艇、战机和巡航导弹的攻击。

"科特林"级驱逐舰

"科特林"级驱逐舰（Kotlin class destroyer）是苏联于 20 世纪 50 年代建造的驱逐舰，一共建造了 27 艘，在 1956—1992 年服役。

基本参数	
满载排水量	3230 吨
长度	126.1 米
宽度	12.7 米
吃水	4.2 米
最高速度	38 节
相关简介	

研发历史

"科特林"级驱逐舰一共建造了 27 艘，包括 6 艘基本型、12 艘反潜型、1 艘试验防空型和 8 艘防空型。首舰于 1953 年 3 月开工，1953 年 11 月下水，1956 年 6 月服役。二号舰于 1953 年 10 月开工，1955 年 9 月服役。服役期间，随着新型舰载武器的不断成熟以及执行任务的多样化需要，大部分"科特林"级驱逐舰进行了现代化改装。20 世纪 90 年代初，"科特林"级驱逐舰退出现役。

实战性能

"科特林"级基型舰的舰载武器以火炮和鱼雷为主。在舰艏和舰艉各装备 1 座 SM-2-1 型双联装 130 毫米两用舰炮。舰上的副炮为 4 座 SM-20-ZIF 型四联装 45 毫米防空速射炮。2 座烟囱后的主甲板上各布置了一组并排式 PTA-53-56 五联装 533 毫米鱼雷发射管。反潜方面，舰艉两侧各安装三座 BMB-2 深水炸弹投掷器。

趣味小知识

"科特林"级驱逐舰是苏联海军最后一级，也是建造数量最多的一级传统驱逐舰。

"基尔丁"级驱逐舰

"基尔丁"级驱逐舰（Kildin class destroyer）是苏联于20世纪50年代建造的导弹驱逐舰，一共建造了4艘。

研发历史

20世纪50年代后期，苏联对"科特林"级驱逐舰进行了改装，代号为56M型，成为世界上第一种装备舰对舰导弹的大型军舰，西方称其为"基尔丁"级驱逐舰。在1957年至1960年，"基尔丁"级驱逐舰一共建造了4艘，即"鲁莽"号、"莫测"号、"远见"号和"不屈"号。首舰于1953年12月开工，1958年6月服役。20世纪70年代，有3艘"基尔丁"级驱逐舰进行了现代化改装。

基本参数	
满载排水量	3230吨
长度	126.1米
宽度	12.7米
吃水	4.2米
最高速度	38节
相关简介	

实战性能

与"科特林"级驱逐舰相比，"基尔丁"级驱逐舰拆除了舰艉主炮、副炮和鱼雷发射管，改为1座SS-N-1"扫帚"反舰导弹发射架和能储存6枚导弹的弹库。在进行现代化改装时，"基尔丁"级驱逐舰拆除了"扫帚"反舰导弹发射架，加装2座叠加安装的AK-726型双联装舰炮，以及4座P-15M型反舰导弹发射装置。

趣味小知识

1955年10月17日，"基尔丁"级驱逐舰的五号舰"不禁"号列入了阿穆尔河畔共青城造船厂的建造计划，但没有开工即取消。

"克鲁普尼"级驱逐舰

"克鲁普尼"级驱逐舰（Krupny class destroyer）是苏联在"科特林"级和"基尔丁"级驱逐舰基础上改进而来的导弹驱逐舰，一共建造了8艘，在1960—1993年服役。

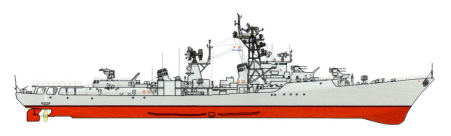

研发历史

"克鲁普尼"级驱逐舰的首舰于1958年2月开工，1960年6月服役。该级舰在20世纪60年代是苏联一支活跃的战斗值勤力量，但其反舰导弹性能落后，防空能力匮乏。20世纪60年代末，苏联对全部"克鲁普尼"级驱逐舰进行了改装，拆除反舰导弹，增加反潜武器，由于改动太大，北约误认为其是一种全新的驱逐舰，并将其重新命名为"卡宁"级驱逐舰。

基本参数	
满载排水量	4500吨
长度	126.1米
宽度	12.7米
吃水	4.2米
最高速度	34.5节
相关简介	

实战性能

"克鲁普尼"级驱逐舰是苏联海军较早拥有防核生化设计的舰艇之一，在机舱控制室、火控台等处都设置了密闭室。改装后的"克鲁普尼"级驱逐舰装有2座四联装57毫米高平两用炮、4座双联装30毫米AK-230机炮、1座双联装SA-N-1防空导弹发射器（带弹32枚）。另外，还有3座RBU-6000反潜火箭深弹发射器和2座五联装533毫米鱼雷发射管。舰艉处还有1座直升机起降平台，供卡-15直升机起降。

> **趣味小知识**
>
> "克鲁普尼"级驱逐舰是苏联海军历史上第一种在服役期内整级大规模改装的军舰。

Chapter 03 军用舰船

"现代"级驱逐舰

"现代"级驱逐舰（Sovremenny class destroyer）是苏联于 20 世纪 80 年代建造的大型导弹驱逐舰，截至 2019 年 5 月仍有 4 艘在俄罗斯海军服役。

130 毫米舰炮特写

30 毫米近防炮系统火控雷达特写

研发历史

20 世纪 70 年代后期，苏联开始规划两种大型驱逐舰，以辅助苏联主力水面战斗群，第一种是以反潜为主要任务的"无畏"级驱逐舰，第二种则是用来辅助"无畏"级驱逐舰的"现代"级驱逐舰，档次稍低，以反舰与防空为主要任务。苏联解体后，俄罗斯海军延续了"现代"级驱逐舰的建造工作，最终建造了 21 艘，其中俄罗斯海军装备了 17 艘，其他 4 艘出口国外。

基本参数

满载排水量	8480 吨
长度	156 米
宽度	17.3 米
吃水	6.5 米
最高速度	32.7 节
相关简介	

实战性能

"现代"级驱逐舰是一种侧重于反舰和防空的驱逐舰，在服役时会搭配同时期建造的"无畏"级反潜驱逐舰使用。该级舰的主要武器包括 2 座 AK-130 型 130 毫米舰炮、2 座四联装 KT-190 反舰导弹发射装置（发射 SS-N-22"日炙"反舰导弹，最大射程可达 120 千米）、4 座 AK-630M 型 30 毫米近防炮系统、2 座 3K90M-22 型防空导弹发射装置（发射 SA-N-7 防空导弹，射程 25 千米）、2 座双联装 533 毫米鱼雷发射装置、2 座 RBU-12000 反潜火箭发射装置、8 座十联装 PK-10 诱饵发射器和 2 座双联装 PK-2 诱饵发射器。此外，还可搭载 1 架卡 -27 反潜直升机。

趣味小知识

"现代"级驱逐舰的舰体采用低长宽比的设计，虽然比较不利于高速性能，但是却增加了适航性与耐波能力，较适合远洋作战。

"无畏"级驱逐舰

"无畏"级驱逐舰（Udaloy class destroyer）是俄罗斯海军现役的主力驱逐舰，一共建造了12艘。

舾部特写

艉部特写

研发历史

"无畏"级驱逐舰是苏联在20世纪70年代的一种特殊海军思维的产物，由于当时的苏联海军在水面舰只方面比较落后，于是提出了所谓的"1+1大于2"的理论，即由"无畏"级驱逐舰负责反潜和防空，"现代"级驱逐舰负责反舰。首舰"无畏"号于1980年11月入役，十二号舰"潘杰列耶夫海军上将"号于1991年12月19日服役。截至2019年5月，仍有8艘"无畏"级驱逐舰在俄罗斯海军服役。

基本参数	
满载排水量	7570吨
长度	163米
宽度	19.3米
吃水	6.2米
最高速度	35节
相关简介	

实战性能

"无畏"级驱逐舰的重要舱室都有密闭式的防护系统，可以防止外界受污染的空气进入。该级舰的主要作战任务为反潜，装有2座四联装SS-N-14反潜导弹发射装置、2座四联装533毫米鱼雷发射管、2座十二联装RBU-6000反潜火箭发射装置。此外，还可搭载2架卡-27反潜直升机。"无畏"级驱逐舰还具备一定的防空能力（8座八联装3K95导弹发射装置、2门100毫米AK-100舰炮、4门30毫米AK-630舰炮），但没有反舰能力。

趣味小知识

"无畏"级驱逐舰的苏俄代号为"军舰鸟"，这种海鸟有一对长而尖的翅膀，极善飞翔。当它两翼展开时，两个翼尖间的距离可达2.3米。这种海鸟具有掠夺习性，经常在空中袭击其他叼着鱼的海鸟。这种"抢食"行为也让它获得了"强盗鸟"的绰号。

Chapter 03 军用舰船

"无畏Ⅱ"级驱逐舰

"无畏Ⅱ"级驱逐舰（Udaloy Ⅱ class destroyer）是苏联解体前开工的最后一级驱逐舰，最终仅有1艘建成，1999年进入俄罗斯海军服役。

研发历史

1989年2月，2艘"无畏Ⅱ"级驱逐舰同时开工建造。该级舰原计划首批建造3艘，但不久之后由于苏联解体，接手的俄罗斯经济状况不佳，不得不拆解二号舰，三号舰及后续舰的建造计划也被迫取消。因此，"无畏Ⅱ"级驱逐舰最终只有首舰"恰巴年科"号建成服役。"恰巴年科"号驱逐舰于1989年2月开工，1994年6月下水，1999年1月服役。

基本参数	
满载排水量	8900吨
长度	163米
宽度	19.3米
吃水	6.2米
最高速度	35节
相关简介	

实战性能

"无畏Ⅱ"级驱逐舰的舰载武器包括：1座双联装AK-130全自动高平两用炮；8座八联装SA-N-9"刀刃"导弹垂直发射系统；2座"卡什坦"近程防御武器系统；2座四联装SS-N-22"日炙"反舰导弹发射装置，配备3M82型反舰导弹；2座四联装多用途鱼雷发射管，发射SS-N-15"星鱼"反潜导弹；2座十联装RBU-12000反潜火箭发射装置。此外，还能搭载2架卡-27直升机。

> **趣味小知识**
>
> "无畏Ⅱ"级驱逐舰是在"无畏"级驱逐舰的基础上改进而来，在舰形等方面基本沿用了"无畏"级驱逐舰，外观上差别不是很大，最主要的变化是武器装备的配置。

"克里瓦克"级护卫舰

"克里瓦克"级护卫舰（Krivak class frigate）是苏联于 20 世纪 60 年代建造的现代化导弹护卫舰，一共建造了 40 艘。

基本参数	
满载排水量	3575 吨
长度	123.5 米
宽度	14.1 米
吃水	4.6 米
最高速度	32 节
相关简介	

▶ 研发历史

"克里瓦克"级护卫舰大体可以分为 3 个型别，Ⅰ型建于 1969—1981 年，共建造 20 艘；Ⅱ型建于 1976—1981 年，共建造 11 艘；Ⅲ型建于 1984—1993 年，共建造 9 艘。该级舰于 1970 年开始服役，截至 2019 年 5 月仍有 4 艘在俄罗斯海军服役。

▶ 实战性能

"克里瓦克"级护卫舰的主要武器包括：2 座四联装 SS-N-25 "明星" 舰对舰导弹发射装置、2 座双联装 SA-N-4 "壁虎" 舰对空导弹发射装置、1 座四联装 SS-N-14 "石英" 反潜导弹发射装置、2 座 100 毫米舰炮、2 座 6 管 30 毫米舰炮、2 座四联装 533 毫米鱼雷发射管、2 座 RBU-6000 型 12 管回转式反潜深弹发射装置。对抗措施为 4 座 PK16 或 10 座 PK10 型箔条诱饵发射装置。

趣味小知识

"克里瓦克"级护卫舰采用宽体结构，提高了整个平台的稳定性，便于使用武器，携带燃料及弹药均有明显增加。它与传统驱护舰的长宽比差别较大，达到 8.82∶1。

"格里莎"级护卫舰

"格里莎"级护卫舰（Grisha class frigate）是苏联于 20 世纪 70 年代研制的导弹护卫舰，一共建造了 80 艘，从 1971 年服役至今。

研发历史

"格里莎"级护卫舰一共建造了 80 艘，分为 I 型、II 型、III 型和 V 型，数量分别为 15、12、30、23 艘。首舰于 1968 年开工建造，1971 年开始服役。"格里莎"级护卫舰通常活动于俄罗斯近海及沿岸海域，执行反潜、护航和其他多项任务。

基本参数	
满载排水量	1200 吨
长度	71.6 米
宽度	9.8 米
吃水	3.7 米
最高速度	34 节
相关简介	

实战性能

"格里莎"级护卫舰 I 型装有 1 座双联装 SA-N-4 舰空导弹发射装置、1 门双管 57 毫米炮、2 座双联装 533 毫米鱼雷发射管、2 座 12 管 RBU-6000 型火箭深弹发射装置等。II 型取消了舰艏的 SA-N-4 型舰空导弹发射架，换装了第二座双管 57 毫米炮。III 型则又恢复了舰艏的 SA-N-4 舰空导弹发射装置，并在舰艉甲板室上加装 1 座 6 管 30 毫米速射炮。V 型与 III 型基本相同，仅将 III 型舰艉的双管 57 毫米炮改为单管 76 毫米炮。

趣味小知识

"格里莎"级护卫舰的舰艏尖削，艏部甲板弧度上升较大，干舷明显升高，具有较好的耐波性。舰桥两侧与船舷相接，使后甲板受波浪影响较小。

"不惧"级护卫舰

"不惧"级护卫舰（Neustrashimy class frigate）是苏联于20世纪80年代中期开始建造的护卫舰，一共建成了2艘。

雷达天线特写

艉部特写

研发历史

"不惧"级护卫舰的设计目的是用来替换数量众多的"克里瓦克"级护卫舰，1986年开始建造。苏联解体后，该级舰的建造计划受到了极大的影响，原定首批建造3艘的计划在完成首舰"不惧"号后就停止了后续舰的建造。1993年1月，"不惧"号进入俄罗斯海军服役。俄罗斯经济状况好转后，1988年开工的二号舰"智者雅罗斯拉夫"号才得以继续建造，并于2009年开始服役。三号舰"吐曼"号于1990年开工，截至2019年仍处于搁置状态。

基本参数	
满载排水量	4400吨
长度	129米
宽度	15.6米
吃水	5.6米
最高速度	30节
相关简介	

实战性能

"不惧"级护卫舰拥有强大的舰载武备，舰艏设有1门单管100毫米AK-100舰炮，射速达50发/分，射程为20千米，弹药库内备弹350发。此外，舰体中段装有4座四联装SS-N-25"弹簧刀"反舰导弹发射装置。防空方面，该级舰设有4座八联装3S-95转轮式垂直发射系统，装填32枚SA-N-9"铁手套"短程防空导弹。"不惧"级护卫舰还装备了2座"卡什坦"近程防御武器系统，分别设于机库两侧。

趣味小知识

"不惧"级护卫舰的烟囱内设有高效的强制冷却装置，可将排出的废气温度降低40%，从而大幅减少了红外辐射量。

"猎豹"级护卫舰

"猎豹"级护卫舰（Gepard class frigate）是俄罗斯研制的轻型护卫舰，主要装备俄罗斯海军（2艘）和越南海军（计划6艘），首舰于2003年8月开始服役。

上层建筑特写

舰右舷特写

研发历史

20世纪80年代，苏联开始规划一种1500吨至2000吨级的轻型护卫舰，以取代现役"科尼"级和"格里莎"级等护卫舰，新舰的项目代号为Project 11660，由泽列诺多尔斯克造船厂负责建造，准备工作在1988年展开。首舰"鞑靼斯坦"号于1990年5月开工，随后因苏联解体一度停工，直到俄罗斯经济复苏才缓慢复工，项目代号也改为Project 11661。2003年8月31日，"鞑靼斯坦"号加入俄罗斯海军里海舰队服役，并且作为舰队旗舰。二号舰"达吉斯坦"号于2012年11月开始服役，同样隶属里海舰队。目前，"猎豹"级护卫舰的唯一海外用户是越南海军，计划订购6艘，截至2019年5月已有3艘服役。

基本参数

满载排水量	1930吨
长度	102.1米
宽度	13.1米
吃水	5.3米
最高速度	28节
相关简介	

实战性能

"猎豹"级护卫舰的舰桥前方炮位以及舰艉各装有1座AK-630近程防御武器系统，舰体中部两侧各装1座四联装KT-184反舰导弹发射装置（使用3M24反舰导弹），舰艏有1座ZIF-122双臂防空导弹发射装置（使用9M33短程防空导弹），76毫米AK-176型舰炮前方的甲板设有1座十二联装RBU-6000反潜火箭深弹发射器，此外还有2座双联装533毫米鱼雷发射管。在地处封闭的里海，"猎豹"级护卫舰的火力已经算是绰绰有余，其射程350千米的3M24反舰导弹可轻易涵盖整个里海的宽度。

趣味小知识

"猎豹"级护卫舰可以搭载直升机，但没有机库，只有飞行甲板。

"守护"级护卫舰

"守护"级护卫舰（Steregushchiy class corvette）是俄罗斯海军正在建造的多用途轻型导弹护卫舰，计划建造 12 艘。

上层建筑特写

舰部特写

基本参数

满载排水量	2200 吨
长度	104.5 米
宽度	11.6 米
吃水	3.7 米
最高速度	27 节
相关简介	

研发历史

20 世纪 90 年代以来，俄罗斯已经没有全新的大型舰艇提案，就连维持苏联时代建造的一些大型远洋舰艇都捉襟见肘。直到 21 世纪初，俄罗斯才展开新一代护卫舰"守护"级的建造。首舰于 2006 年 5 月下水，2006 年 11 月展开海试，2007 年 11 月开始服役。截至 2019 年 5 月，已有 6 艘"守护"级护卫舰在俄罗斯海军服役。

实战性能

"守护"级护卫舰装有 1 门 100 毫米 AK-190 自动舰炮、1 座"卡什坦"近程防御武器系统、2 门 30 毫米 AK-630 舰炮。在反舰导弹方面，"守护"级护卫舰装有 3 座四联装"鲁道特"导弹垂直发射系统，可以发射 SS-N-25"冥王星"或 SS-N-27"俱乐部"反舰导弹。该舰还有 2 座四联装 330 毫米鱼雷发射管，分置于两舷的舱门内。舰艉设有 1 个直升机库与飞行甲板，能搭载 1 架卡 -27 反潜直升机。

趣味小知识

"守护"级护卫舰的适航性较强，可以在 5 级海况下有效使用舰载武器，而俄罗斯其他同等排水量的水面舰艇只能在 3 级海况下进行这些操作。

Chapter 03 军用舰船

"格里戈洛维奇"级护卫舰

"格里戈洛维奇"级护卫舰（Grigorovich class frigate）是俄罗斯正在建造的新一代导弹护卫舰，以俄罗斯售予印度的"塔尔瓦"级护卫舰为基础改良而来。

3S90E 垂直发射系统特写

艉部特写

研发历史

"格里戈洛维奇"级护卫舰是以俄罗斯在 2000 年代售予印度的"塔尔瓦"级护卫舰为基础改良而来，其基本设计、动力系统、电子装备与武器等都大致与"塔尔瓦"级护卫舰相同。已知最大的变更，是将原本"塔尔瓦"级护卫舰的 3S19 导弹发射装置，换成 3 座十二联装垂直发射装置。该级舰计划建造 6 艘，截至 2019 年 5 月已有 3 艘开始服役。

基本参数

满载排水量	4035 吨
长度	124.8 米
宽度	15.2 米
吃水	4.2 米
最高速度	32 节
相关简介	

实战性能

"格里戈洛维奇"级护卫舰的主要武器包括：1 座 100 毫米 A-190 舰炮、3 座十二联装 3S90E 垂直发射系统（装填 9M317 防空导弹）、1 座八联装 KBSM 3S14U1 垂直发射系统（装填"红宝石"反舰导弹）、1 座十二联装 RBU-6000 反潜火箭发射器、2 座 CADS-N-1"卡什坦"近防系统、2 座双联装 533 毫米鱼雷发射管。

趣味小知识

"格里戈洛维奇"级护卫舰的首舰于 2016 年 3 月 11 日进入波罗的海舰队服役，成为苏联解体后俄罗斯海军首艘新服役的中型护卫舰。

"戈尔什科夫"级护卫舰

"戈尔什科夫"级护卫舰（Gorshkov class frigate）是俄罗斯海军最新型的导弹护卫舰，也称为22350型护卫舰，由位于圣彼得堡的北方设计局设计，并交由北方造船厂建造。

前甲板特写

舰艏特写

研发历史

2003年7月，俄罗斯海军正式公布22350型护卫舰项目，这种舰艇是苏联解体后俄罗斯第一种从头设计和建造的主力水面作战舰艇。该级舰计划建造15艘，首舰"戈尔什科夫"号于2006年2月在北方造船厂安放龙骨，当时计划在2009年完工，2010年交付。不过，由于预算短缺，该舰的建造进度大为落后，直到2010年10月才下水，2016年11月开始服役。二号舰已于2009年11月开工建造；三号舰于2012年2月开工建造，四号舰于2013年11月开工建造，五号舰和六号舰于2019年4月开工建造。

基本参数

满载排水量	4500吨
长度	135米
宽度	15米
吃水	4.5米
最高速度	29.5节
相关简介	

实战性能

"戈尔什科夫"级护卫舰的舰艏有1门A-192M型130毫米舰炮，舰炮后方设有4座八联装3K96防空导弹垂直发射系统。防空导弹发射系统后方是高出一层甲板的B炮位（舰桥前方），装有2座八联装3R14通用垂直发射系统，可发射P-800超音速反舰导弹、3M-54亚/超双速反舰型导弹、3M-14对陆攻击型导弹、91RT超音速反潜型导弹等武器。直升机库两侧各有1座"佩刀"近程防御武器系统，配备2门AO-18KD型30毫米机炮与8枚9M340E防空导弹。此外，该级舰还配有2座四联装330毫米鱼雷发射器，舰艉可搭载1架卡-27反潜直升机。

趣味小知识

"戈尔什科夫"级护卫舰以海军元帅戈尔什科夫的名字命名，他担任苏联海军总司令长达20多年，历经赫鲁晓夫、勃列日涅夫、安德罗波夫、契尔年科四位苏联领导人时期。

"十一月"级潜艇

"十一月"级潜艇（November class submarine）是苏联海军第一种核动力潜艇，一共建造了 13 艘，在 1959—1991 年服役。

研发历史

"十一月"级潜艇的研制工作始于 1952 年，当时苏联高层认为核潜艇诞生之后会给苏联海军带来质的影响，于是在 1952 年启动了 627 "鲸鱼"计划，开始研究核潜艇。1955 年 9 月，首艇举行了正式开工典礼。1959 年 3 月，首艇正式服役。该级艇全部在北德文斯克造船厂建造，一共建造了 13 艘，构成了苏联最初的水下核攻击力量。除因事故损失的 K-8 号潜艇外，其他同级艇在 1986 年到 1991 年退役。

基本参数	
潜航排水量	4380 吨
长度	109.8 米
宽度	8.3 米
吃水	5.8 米
潜航速度	30 节
相关简介	

实战性能

"十一月"级潜艇采用双壳体结构，与美国潜艇不同的是，美国潜艇的舱室较大，数量较少，储备浮力也小，而苏联潜艇舱室则比较小，数量比较多，储备浮力很大。苏联潜艇的这种设计一直持续到现在。这种设计的最大好处就是抗沉性强，潜艇结构强度也较大，但缺点则在于排水量较大以及由大排水量所带来的阻力大、噪声大和航速慢。

趣味小知识

"十一月"级潜艇的噪声比苏联以往的常规动力潜艇和美国第一批核潜艇都要大，尽管采用了多种降噪措施，但问题还是未能解决。

"维克托"级潜艇

"维克托"级潜艇（Victor class submarine）是苏联于 20 世纪 60 年代研制的攻击型核潜艇，一共建造了 48 艘。

研发历史

1959 年，美国第一艘弹道导弹核潜艇"乔治·华盛顿"号开始服役，苏联不得不重新考虑海上战略，将此前不重视的反潜作战摆到重要位置。在这种情况下，用于反潜作战的"维克托"级攻击核潜艇应运而生。该级艇一共建造了 48 艘，首艇于 1967 年开始服役。截至 2019 年 5 月，仍有 3 艘"维克托"级潜艇在俄罗斯海军服役。

基本参数	
潜航排水量	5300 吨
长度	94 米
宽度	10.5 米
吃水	7.3 米
潜航速度	32 节
相关简介	

实战性能

"维克托"级潜艇装备了 4 具 533 毫米和 2 具 650 毫米鱼雷发射管，可以发射 53 型鱼雷和 65 型鱼雷，以及 SS-N-15 和 SS-N-16 反潜导弹等。此外，该艇还可以携带射程为 3000 千米的 SS-N-21 远程巡航导弹，战斗部为 20 万吨当量的核弹头或 500 千克烈性炸药的常规弹头，其巡航高度为 25～200 米，能够攻击敌方陆上重要目标。

趣味小知识

"维克托"级潜艇采用了轴对称的水滴形艇体和双壳体结构，长宽比约为 10：1。指挥台和上层建筑很矮，突出部分很小。

"阿尔法"级潜艇

"阿尔法"级潜艇（Alfa class submarine）是苏联研制的攻击型核潜艇，一共建造了 7 艘，在 1971—1996 年服役。

研发历史

"阿尔法"级潜艇由苏联"孔雀石"设计局设计，也被称为 A 级潜艇。该级艇在苏联海军内部的代号为"天琴座"，设计编号是 705。1968 年 6 月，首艇在列宁格勒海军部造船厂开工，1969 年 4 月下水，1971 年 12 月服役。在四号艇建造完成之后，又在北德文斯克 402 造船厂建造了 3 艘改进型。

基本参数	
潜航排水量	3600 吨
长度	81.5 米
宽度	9.5 米
吃水	7.5 米
潜航速度	40 节
相关简介	

实战性能

"阿尔法"级潜艇装有 6 具 533 毫米鱼雷发射管，可以发射 53 型两用鱼雷、SSN-15 反潜导弹以及水雷等。该级艇的电子设备主要有"魔头"水面搜索雷达、"鲨鱼鳃"和"鼠叫"声呐、"秃头"和"砖群"电子支援设备、"园林灯"警戒雷达等。"阿尔法"级潜艇的最大潜深达 914 米，仅次于"麦克"级潜艇的 1000 米。

趣味小知识

"阿尔法"级潜艇采用水滴形艇体、双壳体结构，整个艇体分为鱼雷舱、机电舱、中央指挥控制舱、反应堆舱、主机舱和尾舱等舱室。

"塞拉"级潜艇

"塞拉"级潜艇（Sierra class submarine）是苏联研制的攻击型核潜艇，一共建造了4艘，从1984年服役至今。

研发历史

"塞拉"级潜艇由苏联天青石中央设计局设计，红色索尔莫沃造船厂建造，首艇于1984年建成服役。由于钛合金艇身造价昂贵，"塞拉"级潜艇仅仅建造了4艘，四号艇于1993年开始服役。冷战时期，该级艇曾被北约海军视为重要对手。截至2019年5月，该级艇仍有2艘在俄罗斯海军服役。

基本参数	
潜航排水量	8200吨
长度	107米
宽度	12.2米
吃水	8.8米
潜航速度	35节
相关简介	

实战性能

"塞拉"级潜艇采用了苏联独特的双壳体结构，艇壳体用钛合金材料建造而成。全艇共有7个耐压舱室，它们包括指挥舱、武器舱、前部辅机舱、后部辅机舱、反应堆舱、主电机舱和尾舱，这些舱室都严格执行抗沉设计，大大提高了潜艇的生存能力。"塞拉"级潜艇的武器种类众多，包括SS-N-16型反潜导弹、SS-N-15型反潜导弹、SS-N-21型远程巡航导弹以及53型、65型鱼雷和各种水雷等，而且携带数量也较多。

趣味小知识

"塞拉"级潜艇的动力主要由2座压水堆反应堆提供，艇上还有2套柴油发电机组和2组蓄电池作为备用，可以保证潜艇在应急和事故状态下的辅助用电，并推动潜艇应急航行。

"麦克"级潜艇

"麦克"级潜艇（Mike class submarine）是苏联研制的攻击型核潜艇，仅建造了 1 艘，在 1983—1989 年服役。

研发历史

1966 年 8 月，苏联海军第一研究所经过论证，提出了大深度攻击核潜艇的战术技术任务书，对 20 世纪 70 年代苏联的攻击型核潜艇提出了较高的战术技术性能要求，特别是对水下最大航速，最大下潜深度和所携带的武器。1978 年 4 月，首艇 K-278 在北德文斯克造船厂开工建造，1983 年 6 月下水，1983 年 10 月交付北方舰队。服役后，K-278 顺利运行了 5 年，其间苏联海军进行了很多科研试验，取得了丰硕的试验成果。1988 年 10 月，K-278 被评为优秀核潜艇，并被授予"共青团员"号的艇名。1989 年 4 月，该艇因火灾沉没。

基本参数	
潜航排水量	8000 吨
长度	117.5 米
宽度	10.7 米
吃水	9 米
潜航速度	30 节
相关简介	

实战性能

"麦克"级潜艇的下潜深度远大于苏联其他使用钛合金制造的核潜艇，设计下潜深度达到 1250 米，安全下潜深度为 1000 米，截至 2019 年仍是世界上潜航深度最大的核潜艇。该级艇装有 2 座 533 毫米鱼雷发射管和 4 座 650 毫米鱼雷发射管，可发射 SS-N-21 巡航导弹、SS-N-15 反潜导弹、SS-N-16 反潜导弹、鱼雷和水雷等。

趣味小知识

1984 年 8 月 5 日，"麦克"级潜艇下潜到 1020 米的深度，当下潜到 1000 米时，该艇的结构在深水巨大压力的作用下发生了很大的变形，不断发出刺耳的尖锐声，令艇员印象深刻。

"阿库拉"级潜艇

"阿库拉"级潜艇（Akula class submarine）是苏联于 20 世纪 80 年代设计建造的攻击型核潜艇，一共建造了 15 艘，从 1984 年服役至今。

指挥塔特写

尾舵特写

研发历史

"阿库拉"级潜艇共有 3 个型别，分别是"阿库拉"Ⅰ型、"阿库拉"Ⅱ型和"阿库拉"Ⅲ型。"阿库拉"Ⅰ型于 1983 年 11 月开工，一共建造了 7 艘。"阿库拉"Ⅱ型于 1987 年 11 月开工，一共建造了 5 艘。"阿库拉"Ⅲ型于 1990 年 7 月开工，当时苏联已经濒临解体，最终只建成了 3 艘。截至 2019 年 5 月，仍有 9 艘"阿库拉"级潜艇在俄罗斯海军服役，其中有 5 艘正在进行现代化改造。

基本参数	
潜航排水量	12770 吨
长度	110 米
宽度	13.5 米
吃水	9 米
潜航速度	33 节
相关简介	

实战性能

"阿库拉"级潜艇采用良好的水滴外形，并采用了双壳体结构，里面一层艇壳为钛合金制造的耐压壳体。该级艇的排水量较大，舱室的容积得以扩大，艇上可以装载更多的武器和更多的电子设备。该级艇装有 4 座 533 毫米鱼雷发射管和 4 座 650 毫米鱼雷发射管，可发射 53-65 型鱼雷、SS-N-15 导弹、SA-N-10 导弹、65-73 鱼雷、65-76 型鱼雷、SS-N-16 导弹等。

趣味小知识

"阿库拉"级潜艇在 1 个舱室进水时，还能够正常执行战斗任务，在 2 至 3 个舱室进水时，依然能够在海上漂浮数小时，为艇员逃生提供充足的时间。

"亚森"级潜艇

"亚森"级潜艇（Yasen class submarine）是俄罗斯正在建造的新一代攻击型核潜艇，计划建造 12 艘，首艇于 2013 年 12 月开始服役。

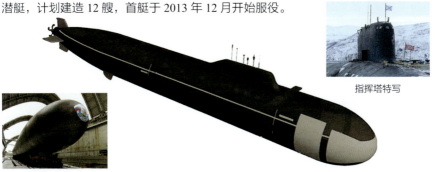

指挥塔特写

艏部特写

研发历史

由于"阿库拉"级潜艇的设计目的是用于深海作战，在浅海作战有些力不从心。为此，俄罗斯海军便决定研制一种能够和美国最先进的"弗吉尼亚"级潜艇、"海狼"级潜艇对抗的核动力潜艇，"亚森"级潜艇由此而生。首艇"北德文斯克"号于 1993 年 12 月开工，2010 年 6 月下水，2013 年 12 月开始服役。截至 2019 年 5 月，二号艇已进入海试阶段，三号艇至七号艇也已开工建造。

基本参数	
潜航排水量	13800 吨
长度	120 米
宽度	15 米
吃水	8.4 米
潜航速度	28 节
相关简介	

实战性能

与以往的俄罗斯核潜艇相比，"亚森"级潜艇具有更强大的火力、更强大的机动性和更高的隐蔽性。该潜艇的储备浮力极佳，指挥舱内还设有能容纳全体乘员的救生室，以便在出现事故或者战损时使用。"亚森"级潜艇在艇首装备了 8 座 650 毫米鱼雷发射管和 2 座 533 毫米鱼雷发射管，可以发射 65 型鱼雷、53 型鱼雷、SS-N-15 反潜导弹等武器。此外，该艇还在指挥台围壳后面的巡航导弹舱布置了 1 座八联装导弹垂直发射装置，用于发射 SS-N-27 巡航导弹。

趣味小知识

2010 年 6 月 15 日，时任俄罗斯总统的梅德韦杰夫在北德文斯克市参加了"北德文斯克"号潜艇的下水仪式，他表示"亚森"级潜艇将加强俄罗斯海军水下力量及防御能力，强化俄罗斯海军的地位。

"旅馆"级潜艇

"旅馆"级潜艇（Hotel class submarine）是苏联研制的弹道导弹核潜艇，一共建造了8艘，在1960—1991年服役。

研发历史

20世纪60年代，随着"十一月"级核动力潜艇的成功下水和服役，在"十一月"级潜艇的设计末期就开始研制的"旅馆"级潜艇也因为"十一月"级潜艇的成功而获得技术上的突破。"旅馆"级潜艇由红宝石设计局设计，北德文斯克造船厂建造，首艇于1958年10月开工，1960年11月服役。20世纪80年代末到90年代初，"旅馆"级潜艇陆续退役。

基本参数	
潜航排水量	5300吨
长度	114米
宽度	7.2米
吃水	7.5米
潜航速度	26节
相关简介	

实战性能

尽管"旅馆"级潜艇对于当时的苏联来说是一个飞跃，但其整体性能仍逊色于美国"乔治·华盛顿"级潜艇。"旅馆"级潜艇最初携带16枚SS-N-4"萨克"弹道导弹，这种导弹有很大缺陷，只能在水面发射。为了提高"旅馆"级潜艇的生存能力，苏联对其进行了改进，后期使用SS-N-5弹道导弹和SS-N-8弹道导弹。

趣味小知识

"旅馆"级潜艇的首艇K-19因事故频发，被西方国家戏谑为"寡妇制造者"，并以K-19为原型拍摄了相关电影。

"杨基"级潜艇

"杨基"级潜艇（Yankee class submarine）是苏联研制的弹道导弹核潜艇，一共建造了 34 艘，在 1967—1995 年服役。

研发历史

"杨基"级潜艇的研发工作始于 1962 年，首艇于 1964 年 11 月开工建造，1968 年正式服役。在"杨基"级潜艇中，只有首艇没有在耐压艇体上安装消声瓦。"杨基"级潜艇共有 3 个型别，包括"杨基Ⅰ"级、"杨基Ⅰ"级改进型以及"杨基Ⅱ"级。

基本参数	
潜航排水量	10020 吨
长度	128 米
宽度	11.7 米
吃水	7.8 米
潜航速度	28 节
相关简介	

实战性能

"杨基"级潜艇使用了指挥围壳舵，并取消艏水平舵，使潜艇能够在无倾斜的情况下改变下潜深度，从而简化潜艇深度控制操作，以利于导弹的发射。该级艇是苏联第一种能够与美国战略潜艇在导弹装载量上媲美的弹道导弹核潜艇，可以携带 16 枚弹道导弹。"杨基"级潜艇采用了消音装置技术，比"旅馆"级潜艇更安静，但是噪声依然比当时的北约潜艇更大。

> **趣味小知识**
>
> "杨基"级潜艇采用双壳体结构，大储备浮力，其耐压艇体的直径约 9.4 米，这个直径从"杨基"级潜艇一直沿用到了"德尔塔Ⅲ"级，技术较为成熟。

"德尔塔"级潜艇

"德尔塔"级潜艇（Delta class submarine）是苏联时期研制的弹道导弹核潜艇，一共建造了43艘，从1972年服役至今。

研发历史

"德尔塔"级潜艇的研发工作始于1965年，它有4种外形相似但又各有不同的艇型，一共建造了43艘，首艇于1972年开始服役。目前，"德尔塔Ⅰ"级潜艇（18艘）和"德尔塔Ⅱ"级潜艇（4艘）已全部退役，"德尔塔Ⅲ"级潜艇（14艘）还有1艘在役，"德尔塔Ⅳ"级潜艇还有6艘在役。

基本参数	
潜航排水量	19000吨
长度	167米
宽度	12米
吃水	9米
潜航速度	24节
相关简介	

实战性能

"德尔塔"级潜艇装备16枚P-29PM潜射弹道导弹，装载在D-9PM型发射筒内。该级潜艇还可以使用SS-N-15"海星"反舰导弹，这种导弹速度为200节，射程为45千米，可以装配核弹头。"德尔塔"级潜艇可以在6～7节航速、55米深度的情况下连续发射出所有的导弹，并且可以在任何航向以及一定的纵向倾斜角度下发射导弹。此外，"德尔塔"级潜艇还装备了4座533毫米鱼雷发射管，并安装了自动鱼雷装填系统。

趣味小知识

为了减少噪声，"德尔塔"级潜艇的轮机舱处于独立声声屏蔽舱中，而整个动力区都安装了消音装置。

"台风"级潜艇

"台风"级潜艇（Typhoon class submarine）是苏联设计建造的弹道导弹核潜艇，一共建造了6艘。

导弹发射管特写

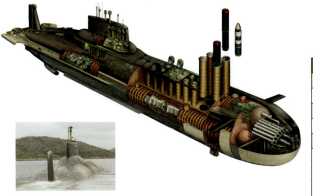

尾舵特写

基本参数	
潜航排水量	48000 吨
长度	171.5 米
宽度	25 米
吃水	17 米
潜航速度	25 节
相关简介	

研发历史

"台风"级潜艇的首艇于1977年开工建造，1980年9月下水，1981年12月正式服役。该级艇原计划建造8艘，最终建成了6艘，整个建造计划在1989年全部完成。苏联解体后，俄罗斯海军因经费问题而无法维持"台风"级潜艇的运作，相继有3艘被拆解。截至2019年5月，"台风"潜艇只剩下1艘在役，还有2艘退役后储备在北方舰队。

实战性能

"台风"级潜艇设有1座二十联装导弹发射管、2座533毫米鱼雷发射管、4座650毫米鱼雷发射管，可发射SS-N-16反潜导弹、SS-N-15反潜导弹、SS-N-20弹道导弹，以及常规鱼雷和"风暴"空泡鱼雷等。其中，SS-N-20导弹是三级推进式潜射洲际弹道导弹，采用固体燃料，发射重量90吨，可携带10个分弹头，射程8300千米，圆概率偏差500米。"台风"级潜艇可以同时发射2枚SS-N-20弹道导弹，这在弹道导弹潜艇中是极为罕见的。"台风"级潜艇在遭受普通鱼雷攻击时，大部分的鱼雷爆炸力会被双壳体的耐压舱和壳体外的水吸收，从而保护艇体。

趣味小知识

"台风"级潜艇最独特的设计是"非典型双壳体"，即导弹发射筒为单壳体，其他部分为双壳体。导弹发射筒夹在双壳耐压艇体之间，可避免出现"龟背"而增大航行的阻力和噪声，并节约建造费用。

"北风之神"级潜艇

"北风之神"级潜艇（Borei class submarine）是俄罗斯设计建造的新一代弹道导弹核潜艇，计划建造10艘。

研发历史

"北风之神"级潜艇是"德尔塔"级核潜艇和"台风"级核潜艇的后继型，由俄罗斯红宝石设计局设计。"北风之神"意为希腊神话中的北风之神，俄方代号为955级（原为935级），俄罗斯称其为"水下核巡洋舰"。首艇"尤里·多尔戈鲁基"号于1996年12月开工建造，2008年2月下水，2013年1月开始服役。截至2019年5月，二号艇和三号艇都已开始服役，四号艇于2019年内入役，五号艇至八号艇都已开工建造。

基本参数	
潜航排水量	17000吨
长度	170米
宽度	13米
吃水	10米
潜航速度	27节
相关简介	

实战性能

"北风之神"级潜艇装有1座十六联装导弹发射装置，可发射SS-N-32弹道导弹（苏联代号为R-30）。这种导弹是以"白杨M"陆基洲际弹道导弹为基础发展而来，可携带10个分导式多弹头，最大射程8300千米。常规自卫武器方面，"北风之神"级潜艇装备了6座533毫米鱼雷发射管，可发射SS-N-15反潜导弹、SA-N-8防空导弹和鱼雷等武器，自身防卫作战能力极为强悍。此外，还计划配备速度达200节的"暴风"高速鱼雷，这种鱼雷不仅能有效地反潜，而且还能反鱼雷。

趣味小知识

"北风之神"级潜艇的首艇以尤里·多尔戈鲁基（1099～1157年）的名字命名，他是基辅大公弗拉基米尔·莫诺马赫的第七个儿子，被认为是莫斯科这个古老城市的奠基人。

"查理"级潜艇

"查理"级潜艇(Charlie class submarine)是苏联研制的巡航导弹核潜艇,一共建造了17艘,在1967—1998年服役。

研发历史

"查理"级潜艇自1960年由天青石设计局开始设计,共建造了17艘,首艇于1964年5月在红色索尔莫沃造船厂开工建造,1966年8月下水,1967年11月服役,至1972年共建造了11艘。1974年至1979年,又建造了6艘改进型,即北约命名的"查理Ⅱ"级。

基本参数	
潜航排水量	4900吨
长度	103米
宽度	10米
吃水	8米
潜航速度	24节
相关简介	

实战性能

"查理"级潜艇的吨位较小,在艇首的压力壳外部两侧各斜置安装了4座反舰导弹发射装置。该级艇是苏联第一级具有水下发射导弹能力的潜艇,具有更好的隐蔽性,更强大的攻击能力,同时也减少了发射时的暴露机会。"查理"级潜艇使用SS-N-7"紫水晶"主动雷达制导反舰导弹,射程65千米,虽然射程较短,但敌舰预警与反制的机会也变少了。与苏联海军此前的"回声"级巡航导弹核潜艇相比,"查理"级潜艇增加了卫星数据链,截获敌方目标位置的手段更加可靠。

趣味小知识

1988年1月到1991年1月,"查理"级潜艇的首艇被租借给印度海军,并改名为"查克拉"号,成为世界上第一艘租借国外的核潜艇。

"奥斯卡"级潜艇

"奥斯卡"级潜艇（Oscar class submarine）是苏联研制的巡航导弹核潜艇，一共建造了 13 艘，从 1980 年服役至今。

研发历史

"奥斯卡"级潜艇是在苏联海军前几级巡航导弹核潜艇的基础上改进而成，其苏联代号为 949 型。首艇于 1975 年 7 月开工建造，1980 年 5 月下水，同年 12 月正式服役。由于早期的"奥斯卡"级潜艇存在明显的缺点，建造 2 艘后便被改进型取代。改进型一共建造了 11 艘，最后一艘于 1996 年 12 月开始服役。截至 2019 年 5 月，"奥斯卡"级潜艇有 8 艘在俄罗斯海军服役。此外，还有 1 艘正在建造，计划 2020 年入役。

基本参数

基本参数	
潜航排水量	19400 吨
长度	155 米
宽度	18.2 米
吃水	9 米
潜航速度	32 节
相关简介	

实战性能

"奥斯卡"级潜艇装有 1 座二十四联装导弹发射装置，可携带 24 枚 SS-N-19 反舰导弹，最大射程达 550 千米。该级艇还装有 4 座 533 毫米鱼雷发射管和 2 座 650 毫米鱼雷发射管，可发射 53 型鱼雷和 65 型鱼雷，也可以使用 SS-N-15 导弹和 SS-N-16 导弹攻击敌方潜艇。65 型鱼雷采用主/被动声自导和尾流制导，可携带核弹头。

趣味小知识

在第一人称射击游戏《使命召唤：现代战争 3》中，玩家会夺取一艘"奥斯卡"级潜艇，发动导弹齐射攻击俄罗斯舰队。

"基洛"级潜艇

"基洛"级潜艇（Kilo class submarine）是苏联时期设计建造的常规潜艇，首艇于1980年开始服役。

艏部特写

指挥塔特写

研发历史

1974年，苏联红宝石设计局开始设计"基洛"级潜艇，首艇于1980年开工建造，1982年开始服役。后期的"基洛"级改进型成为柴电动力潜艇中的佼佼者，其静音效果在世界柴电动力潜艇中首屈一指。除苏联和俄罗斯海军大量装备之外，"基洛"级潜艇还是国际武器市场的常客，波兰、罗马尼亚、印度、伊朗、越南和阿尔及利亚等国均有采用。截至2019年5月，俄罗斯仍在继续建造"基洛"级潜艇的改进型。

基本参数	
潜航排水量	3076吨
长度	74米
宽度	9.9米
吃水	6.5米
潜航速度	20节
相关简介	

实战性能

"基洛"级潜艇的艇首设有6座533毫米鱼雷发射管，可发射53型鱼雷、SET-53M鱼雷、SAET-60M鱼雷、SET-65鱼雷、71系列线导鱼雷等，改进型和印度出口型还可以通过鱼雷管发射"俱乐部S"潜射反舰导弹。"基洛"级艇内共配备18枚鱼雷，并有快速装雷系统。6座鱼雷发射管可在15秒内完成射击，两分钟后再装填完毕，以实施第二轮打击。

趣味小知识

21世纪初，俄罗斯海军推出了新的"拉达"级常规动力潜艇，但其建造测试工作极不顺利，首艇"圣彼得堡"号开工后13年才得以服役，且仍有许多问题迟迟无法解决。为此，俄罗斯不得不设法延长现役"基洛"级潜艇的服役期，甚至开始新造改进型的"基洛"级潜艇。

"拉达"级潜艇

"拉达"级潜艇（Lada class submarine）是俄罗斯在苏联解体后研制的第一级柴电动力潜艇，北约代号为"圣彼得堡"级。

基本参数

潜航排水量	2700 吨
长度	72 米
宽度	7.1 米
吃水	6.5 米
潜航速度	21 节
相关简介	

研发历史

1989 年，苏联海军授予红宝石设计局一份合同，委托其设计新一代常规动力潜艇。之后由于苏联解体，俄罗斯国内需求大大减少，为了生存，红宝石设计局把目光投向国外，希望能在国际市场上找到买家。根据不同用户需求，红宝石设计局最终完成了"拉达"级潜艇（出口型称"阿穆尔"级潜艇）的设计工作。首艇"圣彼得堡"号于 2005 年 11 月下水，经过一系列测试后，俄罗斯军方于 2011 年宣布"拉达"级潜艇远不能达到要求，因此不准备接收，已建成的首艇用作试验平台用，后续艇"喀琅施塔得"号和"塞瓦斯托波尔"号的建造都被暂停，直到 2013 年才恢复建造，而"塞瓦斯托波尔"号也被更名为"大卢基"号。

实战性能

"拉达"级潜艇装有 6 具鱼雷发射管，武器载荷为 18 枚。该级艇在设计上有诸多创新，其中包括 1 套基于现代数据总线技术的自动化指挥和武器控制系统、1 套包含拖曳阵在内的声呐装置以及"基洛"级潜艇上的降噪技术。对外出口型还可加装一个垂直发射舱，可以容纳 8 具垂直发射管，发射"布拉莫斯"反舰导弹。"拉达"级潜艇装备了高自动化的战斗系统，从而将艇员减至 35 人。

趣味小知识

"拉达"级潜艇吸收了"基洛"级潜艇的技术和经验，它选用了更多专门研制的低噪声、低振动设备，大大减少了振动噪声源。

"短吻鳄"级坦克登陆舰

"短吻鳄"级坦克登陆舰（Alligator class landing ship）是苏联于20世纪60年代建造的坦克登陆舰，一共建造了14艘。

研发历史

"短吻鳄"级坦克登陆舰的苏联代号为1171型登陆舰，首舰于1966年在加里宁格勒服役，最后一艘于1975年完工。苏联解体后，"短吻鳄"级坦克登陆舰被俄罗斯海军和乌克兰海军继承。截至2019年5月，"短吻鳄"级坦克登陆舰仍有4艘在役。

实战性能

"短吻鳄"级坦克登陆舰可搭载约400名登陆作战人员，也可搭载20辆坦克或40辆装甲作战车辆，总运载量为1000吨。自卫武器方面，"短吻鳄"级坦克登陆舰装有3座双联装SA-N-5"杯盘"舰对空导弹发射装置，有效射程为6千米；2座双联装25毫米舰炮，射速为270发/分，有效射程为3千米；2座双联装55毫米舰炮；2座122毫米火箭发射装置。

基本参数	
满载排水量	4700 吨
长度	113.1 米
宽度	15.6 米
吃水	4.5 米
最高速度	18 节
相关简介	

趣味小知识

"短吻鳄"级坦克登陆舰的动力装置为2台柴油发动机，功率为6700千瓦。

"蟾蜍"级登陆舰

"蟾蜍"级登陆舰（Ropucha class landing ship）是苏联于 20 世纪 70 年代设计建造的坦克登陆舰，一共建造了 28 艘。

上层建筑特写

艉部特写

基本参数

满载排水量	4080 吨
长度	112.5 米
宽度	15 米
吃水	3.7 米
最高速度	18 节
相关简介	

研发历史

"蟾蜍"级坦克登陆舰有两种型号，主要是武器装备略有不同。Ⅰ型舰一共建造了 25 艘，1975 年开始服役。Ⅱ型一共建造了 3 艘，首舰于 1987 年开工建造，1990 年 5 月开始服役。截至 2019 年 5 月，Ⅰ型舰和Ⅱ型舰共有 16 艘在役。

实战性能

"蟾蜍"级坦克登陆舰有两种装载方式，一种是 10 辆主战坦克和 190 名登陆士兵，另一种是 24 辆装甲战斗车和 170 名登陆士兵，可根据需要任选一种装载，灵活性较强。Ⅰ型舰装有 2 座双联装 57 毫米舰炮和 2 座二十管火箭发射装置，Ⅱ型舰用 1 门 76 毫米 AK-176 舰炮取代了Ⅰ型舰的 2 座双联装 57 毫米舰炮，并增设了 2 门 30 毫米舰炮，从而增强了武器火力。此外，Ⅱ型舰还可以发射 SA-N-5"圣杯"防空导弹，并备有 92 枚触发水雷。

趣味小知识

"蟾蜍"级坦克登陆舰在装载能力和武器配置等方面比较合理，被认为是苏联两栖战舰艇迈入先进行列的标志。

"伊万·格林"级登陆舰

"伊万·格林"级登陆舰（Ivan Gren class landing ship）是俄罗斯于21世纪初开始建造的登陆舰，计划建造4艘。

艉部特写

舷部特写

研发历史

"伊万·格林"级登陆舰是21世纪以来俄罗斯海军建造的第一种远洋登陆舰，被看作俄罗斯海军再次重视发展大型登陆舰的标志。首舰于2004年12月开工建造，2012年5月下水，2018年6月开始服役。二号舰于2015年6月开工建造，2018年6月下水，截至2019年5月仍在海试。三号舰和四号舰均于2019年4月开工建造。

基本参数

基本参数	
满载排水量	6600吨
长度	120米
宽度	16米
吃水	3.6米
最高速度	18节
相关简介	

实战性能

"伊万·格林"级登陆舰的编制舰员约100人，还可搭载300名海军陆战队员，可运载13辆主战坦克或36辆装甲输送车。该级舰不仅是1艘登陆舰，同时还具有对地火力支援功能。除了1门AK-176主炮和1门AK-630近防炮外，"伊万·格林"级登陆舰还在舰艉安装了2门由"冰雹"多管火箭炮发展而来的双联装122毫米舰载多管火箭炮，能为登陆部队提供一定的炮火支援。此外，该级舰还配有直升机平台和机库，可以携带1架卡-29直升机。

趣味小知识

原本俄罗斯军方对"伊万·格林"级登陆舰的性能不满意，只打算建造2艘，但在2019年4月俄罗斯国防部长谢尔盖·绍伊古宣布将开工建造2艘排水量大幅提升的改进型。

"海鳝"级气垫登陆艇

"海鳝"级气垫登陆艇（Tsaplya class LCAC）是苏联于20世纪80年代建造的气垫登陆艇，一共建造了11艘。

舱门特写

艉部特写

基本参数	
满载排水量	149吨
长度	31.6米
宽度	14.8米
吃水	1.5米
最高速度	50节
相关简介	

研发历史

"海鳝"级气垫登陆艇主要用于取代较小型的"格斯"级气垫登陆艇，1982年在费奥多西亚船厂开工建造。首艇于1985年开始服役，之后又陆续建造了7艘同级艇，最后一艘于1992年开始服役。2004年，俄罗斯海军装备的8艘"海鳝"级气垫登陆艇全部退役。2004年，韩国海军也购买了3艘"海鳝"级气垫登陆艇，第一艘于2005年开始服役。

实战性能

"海鳝"级气垫登陆艇的总载荷量为45吨，可搭载1辆主战坦克加80名士兵，或25吨军事装备加160名士兵。自卫武器方面，"海鳝"级气垫登陆艇装有2门30毫米高平两用机炮，2挺12.7毫米机枪和2具40毫米榴弹发射器。该级艇的动力装置是2台PR-77燃气轮机、2台提升风扇和2台推进风扇。

趣味小知识

"海鳝"级气垫登陆艇具有两栖攻击登陆能力和快速支援能力，主要用于海上快速运送登陆部队，使他们在敌方海岸上登陆。它可为海军陆战队快速运输战斗人员、装备和补给。

"野牛"级气垫登陆艇

"野牛"级气垫登陆艇（Zubr class LCAC）是苏联于 20 世纪 80 年代设计建造的气垫登陆艇，也是目前世界上最大的气垫登陆艇。

基本参数	
满载排水量	555 吨
长度	57.3 米
宽度	25.6 米
吃水	1.6 米
最高速度	63 节
相关简介	

研发历史

苏联在 1978 年开始着手研制大型气垫登陆船。20 世纪 80 年代，位于圣彼得堡的阿尔马兹船厂开始研制"野牛"级气垫登陆艇，此外也转移技术至乌克兰费奥多西亚市大海造船厂建造。该级艇可用于两栖作战时的登陆运输任务，可对岸边的部队提供火力支持，同时还可运送和布置水雷。1988 年，"野牛"级气垫登陆艇开始服役，截至 2019 年 5 月仍然在役。

实战性能

"野牛"级气垫登陆艇有 400 平方米的面积可用装载，自带燃料 56 吨。该级艇可运载 3 辆主战坦克，或 10 辆步兵战车加上 140 名士兵，若单独运送武装士兵则可达到 500 人。"野牛"级气垫登陆艇配备的火力大大高于其他气垫登陆艇，装备有 8 座四联装"箭-3M"或"箭-2M"防空导弹发射装置，2 门 30 毫米 AK-630 机炮，2 座二十二管 140 毫米火箭弹发射装置，以及 20～80 枚鱼雷。

趣味小知识

"野牛"级气垫登陆艇的艇体采用坚固的浮桥式构造，具有良好的稳定性和耐波性。

"儒艮"级登陆艇

"儒艮"级登陆艇（Dyugon class landing craft）是俄罗斯于 21 世纪初期开始建造的登陆艇，一共建造了 5 艘。

基本参数	
满载排水量	280 吨
长度	46 米
宽度	8.6 米
吃水	5.1 米
最高速度	35 节
相关简介	

研发历史

"儒艮"级登陆艇由俄罗斯阿列克谢耶夫水翼船中央设计局设计，雅罗斯拉夫斯基船厂建造。首艇于 2006 年开工建造，2009 年下水，2010 年开始服役。二号艇于 2014 年开始服役，三号艇、四号艇和五号艇均于 2015 年开始服役。

实战性能

"儒艮"级登陆艇的编制艇员为 7 人，可搭载 140 吨的负载，包括 3 辆坦克或 5 辆装甲运兵车。在俄罗斯海军的战略演习中，"儒艮"级登陆艇显示出较强的作战性能，它能迅速将海军陆战队员和装甲车辆运至战斗地点并输送登上无装卸设备的海岸。该级艇的自卫武器非常简单，仅有 2 挺 14.5 毫米 KPV 重机枪，发射 14.5×114 毫米弹药，弹种包括穿甲燃烧弹、穿甲燃烧曳光弹等，最大射程为 7.5 千米。

趣味小知识

"儒艮"级登陆艇的突出特点是能在艇底人工制造气孔，以达到高速航行和节省燃料的作用。这种动力支持原理不需要复杂的构造方案和消耗大量能源。此外，在载重量相同的情况下，具有气孔的浮动工具尺寸更小，使用更简便。

Chapter 03 军用舰船

"娜佳"级扫雷舰

"娜佳"级扫雷舰（Natya class minesweeper）是苏联于 20 世纪 70 年代设计建造的远洋扫雷舰，一共建造了 45 艘。

研发历史

"娜佳"级扫雷舰于 20 世纪 70 年代开始建造，一直持续到 2001 年，一共建造了 45 艘。截至 2019 年 5 月，仍有 10 艘"娜佳"级扫雷舰在俄罗斯海军服役，作为俄罗斯海军远洋扫雷舰的主力。此外，该级舰还出口到印度、利比亚、叙利亚等国。

实战性能

"娜佳"级扫雷舰的扫雷装置包括 2 部 GKT-2 触发式扫雷装置、1 部 AT-2 水声扫雷装置、1 部 TEM-3 磁性扫雷具。舰体后方设有液压铰链吊柱，负责处理安放在舰艉斜坡上的扫雷装置和拖曳水雷对抗设备。该级舰的自卫武器包括 2 座四联装 SA-N-5/8 "圣杯"防空导弹发射装置、2 座双联装 30 毫米 AK 230 舰炮（或 2 门 30 毫米 AK 306 舰炮）、2 座双联装 25 毫米舰炮、2 座五联装 RBU-1200 固定式反潜火箭发射装置等。

基本参数

满载排水量	870 吨
长度	61 米
宽度	10.2 米
吃水	3.6 米
最高速度	17 节
相关简介	

趣味小知识

"娜佳"级扫雷舰可用于扫除磁性水雷、机械水雷等多种水雷，是一级既可以扫雷又有一定作战能力的多用途扫雷舰。

"奥萨"级导弹艇

"奥萨"级导弹艇（Osa class missile boat）是苏联于20世纪50年代研制的导弹艇，分为Ⅰ型和Ⅱ型两种型号。

基本参数	
满载排水量	235吨
长度	38.6米
宽度	7.6米
吃水	1.7米
最高速度	42节
相关简介	

发射架特写

研发历史

"奥萨"级导弹艇是世界各国有史以来建造数量最多的导弹艇，总产量超过400艘。Ⅰ型于1960年开工建造，同年开始服役，1966年停止建造。Ⅱ型于1969年开始服役，1973年停止建造。苏联海军一共装备了65艘Ⅰ型（太平洋舰队40艘、北方舰队25艘）和40艘Ⅱ型（波罗的海舰队25艘、黑海舰队8艘、太平洋舰队5艘、里海区舰队2艘），苏联解体后，俄罗斯海军继续使用Ⅱ型。此外，还出口到越南、埃及、印度、叙利亚、古巴等国。

实战性能

"奥萨"级导弹艇Ⅰ型装有4座SS-N-2舰对舰导弹发射架、2座30毫米双联装全自动高炮。Ⅱ型装有4座SS-N-11舰对舰导弹发射架，部分艇装有SA-N-5舰对空导弹发射架。与Ⅰ型一样，Ⅱ型也有2座30毫米双联装全自动高炮。

趣味小知识

"奥萨"级导弹艇先后参加过第三次中东战争（六日战争）、第四次中东战争（赎罪日战争）、第一次海湾战争（两伊战争）和叙利亚内战。

Chapter 03 军用舰船

"斯登卡"级巡逻艇

"斯登卡"级巡逻艇（Stenka class patrol boat）是苏联于20世纪60年代建造的通用快速巡逻艇，一共建造了114艘。

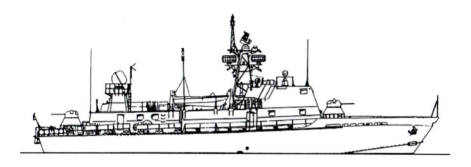

研发历史

"斯登卡"级巡逻艇是阿尔玛兹造船厂以"奥萨"级导弹艇的组件为基础研发的反潜舰艇，在"奥萨"级的基础上加大了船体空间，可以容纳更多的船员。该级艇一共建造了114艘，首艇于1967年开始服役。目前，该级艇仍在俄罗斯、乌克兰、阿塞拜疆、格鲁吉亚、古巴和柬埔寨等国服役。

基本参数	
满载排水量	245 吨
长度	37.5 米
宽度	7.6 米
吃水	3.8 米
最高航速	38 节
相关简介	

结构解析

俄罗斯海军和乌克兰海军装备的"斯登卡"级巡逻艇装有2座双联装30毫米AK-230舰炮、1挺12.7毫米重机枪和4座406毫米鱼雷发射管和2座深水炸弹发射架，而柬埔寨、阿塞拜疆和古巴等国装备的"斯登卡"级巡逻艇在武器方面有所变化。以35节航速航行时，"斯登卡"级巡逻艇的续航距离为500海里。

趣味小知识

"斯登卡"级巡逻艇有短小的高干舷前甲板，大型上层建筑前缘较高，延伸至后甲板。上层建筑外观呈垂直棱角状，三角式综合主桅位于舰桥后缘顶部，装有对海搜索雷达天线。

"鲍里斯·奇利金"级补给油船

"鲍里斯·奇利金"级补给油船（Boris Chilikin class fleet oiler）是苏联于20世纪70年代建造的舰队补给油船，一共建造了6艘。

基本参数	
满载排水量	22460 吨
长度	162.5 米
宽度	21.51 米
吃水	9.04 米
最高速度	16 节
相关简介	

右舷特写

艉部特写

Chapter 03 军用舰船

研发历史

20 世纪 60 年代，苏联计划建造一种功能强大的油料补给舰，以便苏联海军舰队能够进行远洋作战。战术技术任务书于 1967 年下达，工程代号为 1559B 项目，其结果就是"鲍里斯·奇利金"级补给油船。虽然名为"油船"，但从实际用途和所载物资来看，已属于综合补给舰。"鲍里斯·奇利金"级补给油船是由民用的"十月革命"级油船改装而来，苏联一共改装了 6 艘，分别是"鲍里斯·奇利金"号、"鲍里斯·布托马"号、"德涅斯特河"号、"金里奇·加萨诺夫"号、"伊万·布波诺夫"号和"符拉基米尔·科列奇特斯基"号。截至 2019 年 5 月，仍有 5 艘在俄罗斯海军服役。

实战性能

"鲍里斯·奇利金"级补给油船的自持力为 90 天，可装运补给物资 13220 吨，主要为液货，包括 8250 吨普通燃油、2050 吨柴油、1000 吨航空燃油、1000 吨饮用水、450 吨锅炉用水和 250 吨润滑油。此外，还可装运 220 吨干货和食物。"鲍里斯·奇利金"级补给油船的自卫武器为 2 门 AK-725 型 57 毫米舰炮，以及 2 座六管 SU MR-103 型 30 毫米机关炮。

> **趣味小知识**
>
> "鲍里斯·奇利金"级补给油船的最高速度为 16 节，这个航速比不上美国同类船只，无疑会影响整个舰队的补给速度。不过，该级舰有着较强的巡航力，在航速为 12 节时，续航距离可达 10000 海里。

Chapter 04

军用车辆

　　冷战时期,苏联拥有当时世界上规模最大的陆军,也是装备主战坦克最多的国家,其他军用车辆同样数量惊人。苏联解体后,俄罗斯继承了大部分军队和大量军用车辆,仍然拥有不俗的实力。

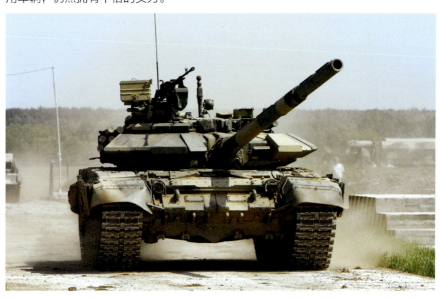

Chapter 04 军用车辆

T-10 重型坦克

T-10 重型坦克是苏联在冷战时期研制的重型坦克,也是 KV 系列坦克与 IS 系列坦克系列最终发展而成的坦克。该坦克原本命名为 IS-8,1953 年改名为 T-10。

负重轮特写

炮塔特写

基本参数

长度	9.87 米
宽度	3.56 米
高度	2.43 米
重量	52 吨
最大速度	42 千米/时
相关简介	

研发历史

1948 年年底,苏军装甲坦克兵总局要求研制一种重量不超过 50 吨的重型坦克。设计小组在吸取了 IS-6 重型坦克失败的惨痛教训后,决定在新坦克上尽可能采用现有成熟技术来减少设计难度和风险。最后设计小组决定,新坦克以 IS-3 重型坦克为蓝本,尽量应用在 IS-4 和 IS-7 重型坦克上已获得验证的可靠设计。1949 年,外形比较保守的 730 工程样车诞生。在经过试验后,730 工程以 IS-8 的编号进行试生产。在等待定型的漫长过程中,IS-8 又先后更名 IS-9、IS-10 和 T-10。直到 1954 年,T-10 坦克才开始批量生产。

实战性能

T-10 坦克的主要武器为 1 门 122 毫米 D-25TA 坦克炮,火炮有 1 个双气室冲击式炮口制退器,没有稳定器。D-25TA 坦克炮的射击俯角比较小,在反斜面阵地上的射击比较困难。T-10 坦克安装了电动辅助输弹装置,因此对炮尾部分进行了一些利于半自动装填的修改。若输弹装置出现故障,采用全人工装弹时,射速要降低到 2 发/分。122 毫米炮弹为分装式,弹药基数 30 发。T-10 坦克的辅助武器为 1 挺 14.5 毫米并列机枪和 1 挺 14.5 毫米高射机枪。

趣味小知识

T-10 坦克的主要作用是为 T-54/55 主战坦克提供远距火力支援和充当阵地突破坦克,其总体布局为传统式,从前到后依次为驾驶室、战斗室和动力室。

T-54/55 主战坦克

T-54/55 主战坦克是苏联于 20 世纪 40 年代后期开始生产的主战坦克,也是全球有史以来产量最大的坦克,总产量约 10 万辆。

炮塔特写

托带轮特写

研发历史

T-54 坦克的最初设计开始于 1944 年 10 月,原型设计于当年 12 月便告完成,原型车也于 1945 年 2 月制造出来,并在之后的两个月里进行了测试,通过测试后被苏联军方定名为 T-54 坦克。虽然 T-54 坦克仍然存在很多问题和缺陷,但仍然在 1946 年 4 月正式服役。T-54 坦克服役后经过了多次改进,于 1958 年推出了 T-55 坦克。T-55 坦克从本质上来讲只是 T-54 坦克的一个改型,但当时苏联出于政治方面的考虑为它赋予了全新的编号。

基本参数

长度	6.45 米
宽度	3.37 米
高度	2.4 米
重量	39.7 吨
最大速度	55 千米 / 时
相关简介	

实战性能

T-54/55 坦克的主炮是 1 门 100 毫米 D-10 型线膛炮,平均射速为 4 发 / 分。辅助武器为 2 挺 7.62 毫米机枪和 1 挺 12.7 毫米高射机枪,弹药基数分别为 3000 发和 500 发。该坦克的机械结构简单可靠,与西方坦克相比更易操作,对乘员操作水平的要求也更低。不过,T-54/55 坦克也有一些致命的弱点,如较小的体型牺牲了内部空间以及成员的舒适性。炮塔太矮,使炮塔最大俯角仅为 5 度(西方坦克多为 10 度),对于山地作战常无能为力。

趣味小知识

T-54/55 坦克车内的弹药缺乏有效的防护,使得坦克在被击中后容易发生二次爆炸。在海湾战争或伊拉克战争期间,常可见到被击毁的 T-54/55 坦克炮塔被炸掉。

Chapter 04 军用车辆

T-62 主战坦克

T-62 主战坦克是苏联继 T-54/55 主战坦克后于 20 世纪 50 年代末发展的主战坦克，其 115 毫米滑膛炮是世界上第一种实用的滑膛坦克炮。

后方装甲特写

附加装甲特写

基本参数	
长度	9.34 米
宽度	3.3 米
高度	2.4 米
重量	40 吨
最大速度	50 千米/时
相关简介	

研发历史

20 世纪 50 年代中期以后，苏军发现本国主战坦克已难以对付美制 M48"巴顿"坦克，而西方坦克却能在正常距离上击穿 T-55 坦克。因此，苏联着手研制了 T-62 主战坦克。该坦克于 1962 年定型，1964 年开始批量生产，一直持续到 20 世纪 70 年代末。为满足军火市场的大量需求，苏联还准许捷克斯洛伐克生产 T-62 坦克。

实战性能

T-62 坦克的车体装甲厚度与 T-55 坦克基本相同，但为了减轻车重，车体顶后、底中和尾下等部位的装甲厚度有所减薄，同时采取特殊的冲压筋或加强筋等措施提高刚度。该坦克的主炮是 1 门 2A20 式 115 毫米滑膛坦克炮，弹药基数为 40 发。辅助武器是 1 挺 TM-485 式 7.62 毫米并列机枪，供弹方式为 250 发弹箱。后期生产的 T-62 坦克还装有 1 挺 12.7 毫米高射机枪，安装在装填手舱外由装填手在车外操作。

趣味小知识

T-62 坦克曾大量用于 1973 年中东战争，从实战中暴露出射击速度慢、火炮俯角小等问题。

T–64 主战坦克

T-64 坦克是苏联在 20 世纪 60 年代研发的主战坦克，总产量约 1.3 万辆。尽管 T-64 坦克不像 T-72 坦克那样被多个国家装备和发展，但却是苏联日后的现代化坦克的基础。

炮塔特写

负重轮特写

研发历史

20 世纪 50 年代末，在 T-62 主战坦克还没量产的时候，苏联就已经启动下一代坦克的研制工作。1958 年，430 号坦克试验项目开始。与当时苏军现役的 T-55 坦克相比，430 号项目试验车并没有明显优势，只能继续改进，并把现有的研究成果转入 432 项目。432 号项目最终成品在 1962 年 9 月完成，次年 10 月投产。1966 年 12 月，432 项目产品正式进入苏军服役，并命名为 T-64 主战坦克。由于价格较高，而且结构复杂，因此 T-64 系列产量不大，远远小于结构简单、易于维护的 T-72 坦克。

基本参数

基本参数	
长度	9.23 米
宽度	3.42 米
高度	2.17 米
重量	38 吨
最大速度	60.5 千米 / 时
相关简介	

实战性能

T-64 坦克装备 1 门使用分体炮弹和自动供弹的 115 毫米 2A21 滑膛炮（后升级为 125 毫米 2A26 型），让坦克不再需要专职装填手（副炮手），使乘员从 4 名减少到 3 名，有利于减少坦克体积和重量。125 毫米 2A26 火炮可发射尾翼稳定脱壳穿甲弹、尾翼稳定榴弹和空心装药破甲弹，还可以发射 9M112 型炮射导弹。该坦克的辅助武器包括 1 挺安装在火炮右侧的 7.62 毫米并列机枪和 1 挺装在车长指挥塔外的 12.7 毫米高射机枪，分别备弹 2000 发和 300 发。

趣味小知识

服役期间，T-64 坦克主要部署于苏联欧洲边界附近的苏军一级坦克师、坦克独立团，驻扎在莫斯科附近的近卫师，以及驻扎在匈牙利的部队。

Chapter 04 军用车辆

T-72 主战坦克

T-72 坦克是苏联在 T-64 坦克的基础上研制而成的主战坦克，是一种产量极大、使用国家众多的主战坦克，总产量超过 2.5 万辆。

履带特写

炮塔外部特写

研发历史

在 T-64 坦克量产之后，苏联便着手研发另一种造价低廉且性能相近的坦克，以大量配发给苏军坦克部队，并外销给盟国，取代老旧、性能落伍的 T-55 坦克与 T-62 坦克。经过数年的研发后，T-72 坦克诞生了。1973 年，T-72 坦克正式服役。除苏联和后继的俄罗斯外，阿尔及利亚、捷克、印度、伊朗、保加利亚、也门、叙利亚、波兰、摩洛哥、马其顿、匈牙利、阿塞拜疆、亚美尼亚等国也有装备。

基本参数	
长度	6.9 米
宽度	3.36 米
高度	2.9 米
重量	46.5 吨
最大速度	80 千米/时
相关简介	

实战性能

T-72 坦克的重点部位采用了复合装甲，最厚处达 200 毫米，装甲板的中间为类似玻璃纤维的材料，外面为均质钢板。该坦克的主炮是 1 门 125 毫米 2A46 滑膛炮，可发射包括尾翼稳定脱壳穿甲弹、破甲弹以及反坦克导弹在内的多种弹药。辅助武器为 1 挺 7.62 毫米口径同轴机枪和 1 挺 12.7 毫米防空机枪，在坦克炮塔两边还装有多联装烟幕弹发射器。T-72 坦克的火控系统较差，在远距离上的命中精度不太理想，特别是发射反坦克导弹时，需要停车状态才能进行导引。

趣味小知识

T-72 坦克具备一定的涉水能力，其潜渡设备由进气管、密封盖、排气阀、导航仪、排水泵等部件组成。

T-80 主战坦克

T-80 坦克是苏联在 T-64 坦克基础上研制的主战坦克，它是历史上第一款量产的全燃气涡轮动力主战坦克，外号"飞行坦克"。

车长位置特写

负重轮特写

研发历史

20 世纪 60 年代末，苏联就在 T-64 坦克的基础上开始了 T-80 主战坦克的研制工作。该坦克于 1968 年立项，1976 年定型并装备部队。在 T-80 坦克投入量产的同时，T-64 坦克的最新型号、能发射炮射导弹和安装反应装甲的 T-64B 也开始生产了。因此，T-80 坦克产量并不大。由于 T-80 的研发生产单位分布在俄罗斯和乌克兰，因此苏联解体后两国独立继续发展 T-80 系列，并衍生出 T-80U（俄罗斯）、T-84（乌克兰）等新型号。

基本参数	
长度	9.72 米
宽度	3.56 米
高度	2.74 米
重量	46 吨
最大速度	65 千米/时
相关简介	

实战性能

T-80 坦克的车体正面采用复合装甲，前上装甲板由多层组成，外层为钢板，中间层为玻璃纤维和钢板，内衬层为非金属材料。该坦克的主炮是 1 门与 T-72 坦克相同的 125 毫米 2A46 滑膛炮，既可发射普通炮弹，也可发射反坦克导弹，炮管上装有热护套和抽气装置。主炮右边装有 1 挺 7.62 毫米并列机枪，在车长指挥塔上装有 1 挺 HCBT 式 12.7 毫米高射机枪。T-80 坦克的火控系统比 T-64 坦克有所改进，主要是装有激光测距仪和弹道计算机等先进的火控部件。

趣味小知识

T-80 坦克第一次在战场展示实力是 20 世纪 90 年代初的第一次车臣战争。由于这场战争中 T-80 坦克被用于其不擅长的城市作战，因此这次亮相并不成功，而攻打格罗兹尼更成了 T-80 坦克的噩梦。

Chapter 04 军用车辆

T-90 主战坦克

T-90 坦克是俄罗斯于 20 世纪 90 年代研制的主战坦克，1995 年开始服役，主要装备俄罗斯军队和印度军队，阿尔及利亚、沙特阿拉伯、塞浦路斯和土库曼斯坦等国也有采用。

潜望镜特写

负重轮特写

研发历史

T-90 主战坦克于 20 世纪 90 年代初开始研制，最初是作为 T-72 主战坦克的一种改进型，代号为 T-72BY。由于使用了 T-80 主战坦克的部分先进技术，性能有很大提升，于是重新命名为 T-90 主战坦克。其命名延续了俄罗斯（苏联）其他坦克的命名方式，即 T 加数字。目前，T-90 坦克有 T-90A、T-90E、T-90S 和 T-90SK 等多种衍生型号。

基本参数	
长度	9.53 米
宽度	3.78 米
高度	2.22 米
重量	46.5 吨
最大速度	65 千米/时
相关简介	

实战性能

T-90 坦克装有 1 门 125 毫米 2A46M 滑膛炮，并配有自动装填机。该炮可以发射多种弹药，包括尾翼稳定脱壳穿甲弹、破甲弹和杀伤榴弹，为了弥补火控系统与西方国家的差距，还可发射 AT-11 反坦克导弹。AT-11 导弹在 5000 米距离上的穿甲厚度可达 850 毫米，而且还能攻击直升机等低空目标。T-90 坦克的辅助武器为 1 挺 7.62 毫米并列机枪和 1 挺 12.7 毫米高射机枪，其中 7.62 毫米并列机枪一次可装弹 250 发，备弹 7000 发，12.7 毫米高射机枪备弹 300 发。

趣味小知识

T-90 坦克可以越过 2.8 米宽的壕沟和 0.85 米高的垂直矮墙，并能通过深达 1.2 米的水域。在经过短时间改装之后，涉水深度可达 5 米。

T-14 主战坦克

T-14 主战坦克是俄罗斯基于新型履带通用平台"阿玛塔重型履带通用平台"为基础研发的一款主战坦克，尚未正式服役。

前端反应装甲块特写

车尾栅栏式装甲特写

研发历史

2009 年，俄罗斯乌拉尔研发与生产公司开始了阿玛塔重型履带通用平台的研发工作。阿玛塔重型履带通用平台包括了 T-14 主战坦克、T-15 步兵战车、BM-2 火箭炮、2S35 自行火炮、T-16 装甲维修车。2013 年，阿玛塔样车在俄罗斯西部的下塔吉尔展出。每辆 T-14 坦克的造价约 380 万美元，原计划于 2020 年正式服役。然而，俄罗斯副总理于 2018 年 7 月对外表示，因为经济上的考量，俄罗斯不会大量生产 T-14 坦克，而是升级现有的主战坦克。

基本参数	
车身长度	8.7 米
车身宽度	3.5 米
车身高度	3.3 米
重量	48 吨
最大速度	90 千米/时
相关简介	

实战性能

T-14 坦克使用的装甲除了"孔雀石"反应装甲，同时也有主动防御系统，此系统包含有毫米波雷达，使 T-14 坦克能探测、追踪及拦截从任何方位来袭的反坦克攻击。该坦克的主炮是新式的 2A82 型 125 毫米滑膛炮，可以使用各种俄罗斯制式 125 毫米炮弹。与以往最大的不同在于，新型炮管没有装置排烟筒，因为是无人炮塔设计，因此不需要排烟，使得炮管结构可以造得更强，承受更大的膛压，在不增加口径的情况下获得更大的威力。辅助武器为 12.7 毫米 Kord 重机枪和 7.62 毫米 PK 通用机枪，均可遥控操作。

趣味小知识

T-14 坦克由于人员已经借由装甲与炮塔篮分开配置，即使弹药受攻击发生诱爆，也能较以往坦克有更好的人员幸存率。

BRDM-2 装甲车

BRDM-2 装甲车是苏联于 20 世纪 60 年代研制的两栖装甲侦察车,现仍在俄罗斯军队中服役。

尾部特写

大灯特写

研发历史

BRDM-2 两栖装甲侦察车由苏联杰特科夫设计局设计,在 BRDM-1 装甲侦察车的基础上改进而成。1962 年,BRDM-2 两栖装甲侦察车开始批量生产,同年正式服役。1989 年,BRDM-2 两栖装甲侦察车停止生产,总产量约 7200 辆,衍生型号较多。除俄罗斯外,埃及、匈牙利、印度、印度尼西亚、利比亚、波兰、越南等国也有采用。

基本参数	
长度	5.75 米
宽度	2.35 米
高度	2.31 米
重量	7 吨
最大速度	95 千米/时
相关简介	

实战性能

BRDM-2 装甲车的车体采用全焊接钢装甲结构,可抵挡轻武器射击和炮弹破片。战斗室两侧各有一个射击孔,为扩大乘员观察范围,在射击孔上装有一套突出车体的观察装置。该车的主要武器为 1 挺 14.5 毫米 KPVT 重机枪,携弹 500 发。其右侧为 1 挺 7.62 毫米 PKT 并列机枪,携弹 2000 发。在重机枪的左侧装有 1 具瞄准镜,以提高射击精度。机枪的高低射界为 -5 度至 +30 度。此外,车内还有 2 支冲锋枪和 9 枚手雷。

趣味小知识

BRDM-2 在水上利用安装在车体后部的单台喷水推进器驱动,水上最小转弯半径 10 米。

BMD-1 伞兵战车

BMD-1 伞兵战车是苏联于 20 世纪 60 年代研制的履带式伞兵战车,1969 年正式装备空降部队。该车是 BMD 系列伞兵战车的第一款,至今仍在俄罗斯军队服役。

炮塔特写

前下装甲特写

基本参数	
长度	5.34 米
宽度	2.65 米
高度	2.04 米
重量	7.5 吨
最大速度	70 千米/时
相关简介	

研发历史

二战后直到 20 世纪 60 年代初,苏联空降军仅装备 ASU-57 和 ASU-85 空降自行反坦克炮,属于火力支援兵器,苏联空降军急需研制一种可空降的突击作战兵器。在此背景下,BMD-1 的研制被提上日程。在 BMP-1 步兵战车的基础上,苏联研发部门将其缩小尺寸,降低重量,并且应用空投技术,研制出了 BMD-1 伞兵战车。这也是 BMD 系列伞兵战车的特点,和 BMP 系列步兵战车一一对应,可视为后者的"空降变形车"。

实战性能

BMD-1 伞兵战车的车体采用焊接结构,主炮为 1 门 73 毫米 2A28 滑膛炮,弹药基数 40 发,以自动装弹机装弹,配用的弹种为定装式尾翼稳定破甲弹,初速 400 米/秒。火炮俯仰和炮塔驱动均采用电操纵,必要时也可以手动操作。主炮右侧有 1 挺 7.62 毫米并列机枪,弹药基数为 2000 发。在炮塔的吊篮内有废弹壳搜集袋。炮塔内有通风装置,用于排出火药气体。炮塔上方有"赛格"反坦克导弹的单轨发射架,除待发弹外,炮塔内还有 2 枚备用弹。

趣味小知识

BMD-1 伞兵战车可水陆两用,水上行驶时用车体后部的 2 个喷水推进器推进,在入水前将车前的防浪板升起,排水泵工作。

Chapter 04 军用车辆

BMD-2 伞兵战车

BMD-2 伞兵战车是苏联于 20 世纪 80 年代研制的履带式伞兵战车，1988 年正式装备空降部队，是 BMD 系列伞兵战车的第二款。

研发历史

BMD-1 伞兵战车拥有速度快、行程大等优点，但是火力不足，在面对敌方重火力时，无法以更重的火力进行压制。20 世纪 80 年代，苏联针对 BMD-1 伞兵战车的这项弱点进行了改进，其结果就是 BMD-2 伞兵战车。1985 年，BMD-2 伞兵战车正式服役。

基本参数	
长度	5.34 米
宽度	2.65 米
高度	2.04 米
重量	8.23 吨
最大速度	60 千米 / 时
相关简介	

实战性能

BMD-2 伞兵战车和 BMD-1 伞兵战车的整体框架一致，只是武器有所不同。BMD-2 伞兵战车的主要武器为 1 门 2A42 型 30 毫米机炮，在其上方装有 1 具 AT-4（后期型号装备 AT-5）反坦克火箭筒（射程 500～4000 米）。辅助武器为 1 挺 7.62 毫米并列机枪，备弹 2980 发，还有 1 挺 7.62 毫米航空机枪，备弹 2980 发。载员舱侧面开有射击孔，乘员可在车内向外以轻武器射击。

趣味小知识

与 BMD-1 伞兵战车相比，BMD-2 伞兵战车的重量增加，整车单位功率下降，最大陆上速度也因此下降了 10 千米 / 时。不过，最大行程得以提升。

BMD-3 伞兵战车

BMD-3 伞兵战车是苏联于 20 世纪 80 年代研制的履带式伞兵战车，1990 年正式装备空降部队和海军，是 BMD 系列伞兵战车的第三款。

研发历史

20 世纪 80 年代末，苏联空降兵科研所在无平台伞降系统"舍利弗"的基础上，为苏联新一代伞兵战车 BMD-3 研制出了 PBS-950 伞降系统，不需要伞降平台，直接装在战斗车上即可。1990 年，BMD-3 伞兵战车正式开始服役，主要装备苏联空降部队和海军陆战队。苏联解体后，BMD-3 伞兵战车仍继续在俄罗斯军队中服役。

基本参数	
长度	6.51 米
宽度	3.134 米
高度	2.17 米
重量	13.2 吨
最大速度	60 千米/时
相关简介	

实战性能

BMD-3 伞兵战车的设计是以 BMD-1 伞兵战车和 BMD-2 伞兵战车为基础的，但其底盘、舱室布置、发动机功率和悬挂方式完全不同，因此它算是一款全新的战车。BMD-3 伞兵战车的主要武器为 1 门 2A42 型 30 毫米高平两用机炮，可发射穿甲弹和高爆燃烧弹，备弹 860 发。炮塔顶部后方装有 1 具 AT-4 反坦克导弹发射器，备弹 4 枚。辅助武器为 1 挺 7.62 毫米并列机枪（备弹 2000 发）、1 挺 5.45 毫米车前右侧机枪（备弹 2160 发）和 1 具 AG-17 型 30 毫米榴弹发射器（备弹 551 发）。载员舱侧面开有射击孔，载员可在车内向外以轻武器射击。

趣味小知识

BMD-3 伞兵战车具备两栖行进能力，车体尾部有两个喷水推进器，车前有防浪板，水上行驶可抗 5 级风浪，并且可在海面空投。

BMD-4 伞兵战车

BMD-4 伞兵战车是俄罗斯于 20 世纪 90 年代研制的履带式伞兵战车，是 BMD 系列伞兵战车的第四款。该车主要装备俄罗斯空降军，并有部分出口到其他国家。

研发历史

自 20 世纪 70 年代问世以来，BMD 伞兵战车先后发展了 BMD-1、BMD-1M、BMD-2、BMD-2M、BMD-3 等多种型号。但是在空降部队服役的 BMD 战车出现了日益老化的问题。在俄罗斯军队现役的 BMD 伞兵战车中，大约有 80% 已至少服役了 15 年。1969 年开始装备部队的 BMD-1 伞兵战车中有大约 95% 的已至少进行了一次大修。但从 1990 年开始服役的 BMD-3 伞兵战车中，只有不到 7% 进行过大修。因此，KBP 仪器设计局对 BMD-3 伞兵战车进行了多方面的现代化改进，起初的改进型被称为 BMD-3M，后被更名为 BMD-4。

基本参数	
长度	6.51 米
宽度	3.13 米
高度	2.17 米
重量	14.6 吨
最大速度	70 千米/时
相关简介	

实战性能

BMD-4 伞兵战车的主要武器为 1 门 2A70 型 100 毫米线膛炮，双向稳定，配有自动装弹机（可行进间开火），可发射杀伤爆破弹和炮射导弹（9M117 型）。发射 9M117 炮射导弹时射程 4000 米，可穿透 550 毫米均质钢板。由于 BMD-4 伞兵战车具备发射炮射导弹能力，因此没有外置反坦克导弹发射器。BMD-4 伞兵战车的辅助武器为 1 门 30 毫米 2A72 型机关炮，弹药基数 500 发。此外，该车上还设有步枪射击孔，可扫射近距离目标。

趣味小知识

BMD-4 伞兵战车的作战地域较广，既能在海拔 4000 米的高山地区作战，又能在 3 级海况的水面航渡，也能随同登陆舰发起进攻，还能从运输机上伞降至敌人后方。

BMP-1 步兵战车

BMP-1 步兵战车是苏联在二战后设计生产的第一种步兵战车，1966 年开始服役，曾参与过阿富汗战争和海湾战争等，目前仍有部分在俄罗斯和其他国家服役。

顶部舱门特写

履带特写

研发历史

二战后，经过了残酷的战争洗礼，苏联以装甲力量为核心的大纵深作战理论日趋成熟，同时，缺少能够伴随坦克部队突击的机械化步兵这一重大缺陷也显现出来，坦克骑兵和武装卡车终究只是应急之作。随着原子弹的发明和实用，类似的非封闭装甲车及战术注定要被淘汰。20 世纪 50 年代，苏联下达了研制步兵战车的标书。各大设计局为了争夺这个大订单纷纷拿出了自己的样车，最后履带式的 765 工程胜出，也就是后来的 BMP-1 步兵战车，其他样车则进入了库宾卡博物馆。

基本参数

长度	6.74 米
宽度	2.94 米
高度	2.07 米
重量	13.2 吨
最大速度	65 千米/时
相关简介	

实战性能

BMP-1 步兵战车的车体采用钢板焊接结构，能防枪弹和炮弹破片，正面可防 12.7 毫米穿甲弹和穿甲燃烧弹，前上装甲为带加强筋的铝装甲。载员舱可容纳 8 名全副武装的士兵，每侧 4 人，背靠背乘坐，人员通过车后双开门出入。该车的主要武器为 1 门 73 毫米 2A28 低压滑膛炮，后坐力较小。主炮右侧有 1 挺 7.62 毫米并列机枪，弹药基数 2000 发。主炮上方有"赛格"反坦克导弹单轨发射架，配有 4 枚导弹。

趣味小知识

BMP-1 步兵战车配备的"赛格"反坦克导弹通过炮塔顶部前面的窗口装填，只能昼间发射，操纵装置位于炮手座位下面。

BMP-2 步兵战车

BMP-2 步兵战车是 BMP-1 步兵战车的改进型,属 BMP 系列的第二款。该车于 1980 年开始服役,目前仍有数十个国家的军队使用。

前下装甲特写

烟幕弹发射器特写

研发历史

BMP-2 步兵战车是 BMP-1 步兵战车的改进车型,1980 年开始批量生产,同年正式服役。在 1982 年莫斯科的阅兵式中,BMP-2 步兵战车首次对公众亮相。1985 年,BMP-2 步兵战车再次出现在红场上时,炮塔两侧披挂着附加装甲。

基本参数

长度	6.74 米
宽度	2.94 米
高度	2.07 米
重量	14.3 吨
最大速度	65 千米 / 时
相关简介	

实战性能

BMP-2 步兵战车采用了大型双人炮塔,将 BMP-1 步兵战车位于驾驶员后方的车长座椅挪到炮塔内右方,使其视野和指挥能力得以增强,驾驶员后方的座位用于步兵乘坐。该车的主要武器为 1 门 30 毫米高平两用机关炮,采用双向单路供弹,弹药基数 500 发。直射距离为 1 千米,并且能在 2 千米距离上对付亚音速的空中目标。在车长和炮手位置顶部中间有 1 具反坦克导弹发射管,配有 4 枚"拱肩"反坦克导弹,其中 1 枚处于待发状态。辅助武器为 1 挺 7.62 毫米机枪,弹药基数 2000 发。此外,炮塔两侧各有 3 具烟幕弹发射器。

趣味小知识

BMP-2 步兵战车具备完全两栖能力,在水中由履带推进。入水前竖起车前防浪板,并打开舱底排水泵。

BMP-3 步兵战车

BMP-3 步兵战车是苏联于 1986 年推出的 BMP 系列第三款步兵战车，1987 年正式投产并装备军队。

载员舱内部特写

侧面装甲特写

基本参数	
长度	7.14 米
宽度	3.2 米
高度	2.4 米
重量	18.7 吨
最大速度	72 千米 / 时
相关简介	

研发历史

BMP-2 步兵战车因采用的是 BMP-1 步兵战车的底盘，在发展上受到很大限制，不能满足苏军的要求。20 世纪 80 年代末期，苏军开始寻求全新的步兵战车。最初，新车型采用"685 项目"轻型车的底盘，配装 30 毫米 2A42 型机关炮和 2 具反坦克导弹发射器，称为"688 项目"车，因其武器火力几乎没有提高而被放弃，随后换装了新型 2K23 炮塔系统，配装了 100 毫米 2A70 型线膛炮和 30 毫米 2A72 型机关炮各 1 门，以及 3 挺 7.62 毫米机枪。该车武器的配备达到苏军官方的认可，由此诞生了 BMP-3 步兵战车。

实战性能

BMP-3 步兵战车的车身和炮塔是铝合金焊接结构，一些重要部分添加了其他钢材以加强强度和刚性。该车的火力极为强大，炮塔上装有 1 门 100 毫米 2A70 型线膛炮，能发射破片榴弹和 AT-10 炮射反坦克导弹。在 2A70 型线膛炮的右侧为 30 毫米 2A72 型机炮，最大射速为 330 发 / 分，发射的弹种有穿甲弹和榴弹等。BMP-3 步兵战车的辅助武器为 3 挺 7.62 毫米 PKT 机枪，分别备弹 2000 发。除了固定武器外，车上还有 2 挺便携式轻机枪、载员使用的 6 支 AK-74 突击步枪和 26 毫米信号枪等。

趣味小知识

BMP-3 步兵战车打破了履带式步兵战车的传统设计布局，采用独特的发动机后置方案，这样做主要是在考虑到车辆重心的布置和水上平衡设计的同时，还可以增大车首装甲板的倾斜角度，以提高其防护力。

Chapter 04 军用车辆

BTR-60 装甲运兵车

BTR-60 装甲运兵车是苏联于 20 世纪 60 年代研制的 8×8 轮式装甲车, 1961 年开始服役。

内部特写

侧面装甲特写

研发历史

二战后, 苏联先后研制了若干种轮式装甲车。由于它们造价低, 故装备数量不断增加。最初的两种车型是利用卡车底盘制造的 BTR-40 和 BTR-152 装甲车。这两种车没有炮塔, 结构也比较简单。20 世纪 50 年代末, BTR-40 开始被 BRDM 装甲侦察车所取代。20 世纪 60 年代, BTR-152 逐渐被 BTR-60 装甲运兵车所取代。苏军于 1961 年开始装备基型车 BTR-60P, 1963 年开始装备改进型 BTR-60PA, 1966 年开始装备 BTR-60PU 指挥车和 BTR-60PB 对空联络车。

基本参数	
长度	7.56 米
宽度	2.83 米
高度	2.31 米
重量	10.3 吨
最大速度	80 千米/时
相关简介	

实战性能

BTR-60 装甲运兵车的车体由装甲钢板焊接而成, 可以安装附加装甲, 以此提高乘员的战斗生存能力。该车拥有火焰探测和灭火抑爆设备、三防系统和生命支持系统等标准设备。车上装有自救绞盘, 当车辆被陷住时, 可利用绞盘的牵引力和钢缆进行自救。轮胎安装了中央充气放气系统, 驾驶员可根据地形情况, 灵活调节轮胎内气压。BTR-60 装甲运兵车的车体前部通常有 1 挺装在枢轴上的 7.62 毫米机枪, 也可换装 12.7 毫米机枪。

趣味小知识

BTR-60 装甲运兵车可以水陆两用, 水上利用车后的一个喷水推进器行驶。喷水推进器由铝质外壳、螺旋桨、蜗杆减速器和防water活门组成。入水前先在车首竖起防浪板。

BTR-70 装甲运兵车

BTR-70 装甲运兵车是苏联于 20 世纪 70 年代研制的 8×8 轮式装甲车，1976 年开始服役。

驾驶席特写

前挡特写

研发历史

1972 年 8 月 21 日，根据苏联国防部第 0141 号命令，苏联军工企业开始研制 BTR-70 装甲运兵车。1976 年，BTR-70 装甲运兵车开始批量生产。在批量生产过程中，BTR-70 装甲运兵车的构造和外形没有太大改变，不同年代生产的车辆在细节上稍有差别。截至 2019 年 4 月，BTR-70 装甲运兵车仍在俄罗斯军队服役。

基本参数

长度	7.54 米
宽度	2.8 米
高度	2.32 米
重量	11.5 吨
最大速度	80 千米/时

实战性能

BTR-70 装甲运兵车的车体由钢板焊接，其防护能力较 BTR-60 装甲运兵车有所增加，车前装甲以及车体前部和前轮之间的附加装甲都有所改善。该车的主要武器是 1 挺 14.5 毫米 KPVT 重机枪，也可换为 12.7 毫米 DShK 重机枪。辅助武器为 1 挺 7.62 毫米 PKT 机枪。此外，车内还备有 2 支 AK 突击步枪、2 具 9K34 便携式防空导弹、1 具 RPG-7 火箭筒（备弹 5 发）和 2 具 AGS-17 自动榴弹发射器。

趣味小知识

BTR-70 装甲运兵车服役后，苏军发现它的发动机和复杂的传动装置并不可靠，导致维护和维修工作量较大。此外，二级喷水推进器在使用中问题也很多，浮渡时经常被水草、泥浆堵塞。

Chapter 04 军用车辆

BTR-80 装甲运兵车

BTR-80 装甲运兵车是苏联于 20 世纪 80 年代研制的轮式装甲车,主要用于人员输送。目前,BTR-80 装甲车仍然在俄罗斯军队服役。

炮塔装甲特写

尾部特写

基本参数	
长度	7.7 米
宽度	2.9 米
高度	2.41 米
重量	13.6 吨
最大速度	80 千米 / 时
相关简介	

研发历史

20 世纪 80 年代,苏军主要的装甲人员运输车是 BTR-70。虽然与上一代的 BTR-60 相比,BTR-70 已经有了非常大的改善,但是 BTR-70 仍然存在双汽油发动机设计复杂、耗油量较大等问题。为此,苏联开始设计一款代号为 GAZ-5903 的装甲人员运输车。新的装甲人员运输车的总体布局与 BTR-70 相同,但是更换了新的机械设备。1984 年,在通过国家测试之后,GAZ-5903 以 BTR-80 的编号进入苏军服役。1987 年 11 月,BTR-80 在莫斯科举行的阅兵式上首次公开露面。

实战性能

BTR-80 装甲车的炮塔位于车体中央位置,炮塔顶部可 360 度旋转,其上装有 1 挺 14.5 毫米 KPVT 大口径机枪,辅助武器为 1 挺 7.62 毫米 PKT 并列机枪。车内可携带 2 枚 9K34 或 9K38 "针"式单兵防空导弹和 1 具 RPG-7 式反坦克火箭筒。载员舱在炮塔之后,6 名步兵背靠背坐在当中的长椅上。BTR-80 装甲车有防沉装置,一旦车辆在水中损坏也不会很快下沉。

趣味小知识

BTR-80 装甲车可以水陆两用,水上行驶时靠车后单个喷水推进器推进,水上速度为 9 千米 / 时。当通过浪高超过 0.5 米的水障碍时,可竖起通气管不让水流进入发动机内。

BTR-82 装甲运兵车

BTR-82 装甲运兵车是俄罗斯研制的轮式装甲运兵车，2011 年开始服役。

研发历史

BTR-82 装甲运兵车是 BTR-80 装甲运兵车（8×8）的最新衍生版本，原型车于 2009 年 11 月制造完成。在通过俄罗斯陆军的测试之后，BTR-82 装甲运兵车于 2011 年开始装备部队。2014 年 8 月，俄罗斯波罗的海舰队下辖的海军步兵开始进行 BTR-82 装甲运兵车的泅渡试验，以测试该车水上作战时的密闭性能。2015 年，俄军装备的 BTR-82 装甲运兵车参加了叙利亚的战争。

基本参数	
长度	7.7 米
宽度	2.9 米
高度	2.41 米
重量	13.6 吨
最大速度	90 千米 / 时
相关简介	

实战性能

BTR-82 装甲运兵车仍然延续了 BTR-80 装甲运兵车一些设计上的限制，如后置式发动机。这种布局使得车内人员必须通过侧门离开车辆，直接暴露在敌人的炮火下。BTR-80 装甲运兵车可全方位抵御 7.62 毫米子弹的攻击，正面防护装甲能抵御 12.7 毫米子弹的攻击。而 BTR-82 装甲运兵车的防护性能更好，但是不能使用附加装甲。BTR-82 装甲运兵车基本型的主要武器是 1 挺 14.5 毫米机枪，而改进型 BTR-82A 则安装了 30 毫米机关炮。辅助武器是 1 挺 7.62 毫米机枪。

趣味小知识

BTR-82 装甲运兵车的爬坡度为 60%，越墙高度为 0.5 米，越壕宽度为 2 米。该车可以在水中行驶，最大前进速度为 10 千米 / 时。

"回旋镖"装甲运兵车

"回旋镖"（Bumerang）装甲运兵车是俄罗斯最新研制的轮式两栖装甲运兵车，用于取代 BTR-80 系列装甲运兵车。

研发历史

20 世纪 90 年代早期，俄罗斯研制出了 BTR-90 装甲运兵车，虽然这种新式装甲运兵车的性能优于 BTR-80 装甲运兵车，但造价十分昂贵，最终未能大量装备部队。2011 年，俄罗斯联邦国防部公开表示将不会采购 BTR-90 装甲运兵车，同时对外发布了一项模组化轮式装甲车系列的采购需求。2012 年 2 月，时任俄罗斯陆军总司令的亚历山大·波斯特尼柯夫上将对外表示俄军将于 2013 年接收第一辆"回旋镖"装甲运兵车的原型车。2015 年，"回旋镖"装甲运兵车在莫斯科胜利日阅兵的预演中首次公开亮相。

基本参数	
长度	8 米
宽度	3 米
高度	3 米
重量	25 吨
最大速度	100 千米 / 时
相关简介	

实战性能

"回旋镖"装甲运兵车的车体高大，前上装甲倾斜明显，车体两侧和车尾基本竖直。炮塔位于车体中央。该车采用先进的陶瓷复合装甲，并应用了最新的防御技术来避免被炮火击中。"回旋镖"装甲运兵车的主要武器是 1 门 30 毫米机关炮、1 挺遥控操作的 7.62 毫米机枪（或 12.7 毫米机枪）以及 4 枚反坦克导弹，火力远强于美国"斯特赖克"装甲车。"回旋镖"装甲运兵车的车组人员为 3 人，并可载运 9 名步兵。

趣味小知识

与早前 BTR 系列装甲运兵车不同，"回旋镖"装甲运兵车的发动机安装在车体前方而不是车尾。该车的车尾有 2 具喷水推进装置，使其拥有克服水流并快速前进的能力。

"虎"式装甲车

"虎"（Tiger）式装甲车是俄罗斯嘎斯汽车公司于 21 世纪初研制的轮式轻装甲越野车，2006 年开始服役。

基本参数	
长度	5.7 米
宽度	2.4 米
高度	2.4 米
重量	7.2 吨
最大速度	140 千米/时
相关简介	

研发历史

在第一次车臣战争（1994—1996 年）期间，俄罗斯军队装备的 BTR 系列装甲车以及 UAZ-469B 系列轻型指挥车，在车臣叛军 RPG 火箭弹、DShK 重机枪等火力的围攻下损失惨重。1997 年，俄罗斯军队装备部门着手研发一款类似美军"悍马"装甲车的轮式轻型装甲车，以便执行从远东、西伯利亚平原至外高加索地区甚至广袤的中东沙漠等地区，执行城市反恐和丘陵地区突击等反恐作战任务。新型装甲车的研发任务由嘎斯汽车公司承担，其成果就是"虎"式装甲车。该车于 2006 年正式服役，至 2014 年约有 4 万辆"虎"式装甲车成为俄罗斯军队制式装备，有不同的改型车充当警用车、特种攻击车、反坦克发射车以及通信指挥车。

实战性能

与俄罗斯之前的越野车相比，"虎"式装甲车的装甲防护得到了极大的加强，整车更是配置了核生化三防系统。"虎"式装甲车的车体由厚度为 5 毫米、经过热处理的防弹装甲板制成，可有效抵御轻武器和爆炸装置的攻击。"虎"式装甲车可以搭载多种武器，包括 7.62 毫米 PKP 通用机枪、12.7 毫米 Kord 重机枪、AGS-17 型 30 毫米榴弹发射器、"短号"反坦克导弹发射器等。该车可以搭载 10 名全副武装的步兵，有效载荷为 1.5 吨。

趣味小知识

在不经过准备的前提下，"虎"式装甲车的涉水深度在 1 米左右，而经过防水处理后，涉水深度将会达到 1.5 米。

IMR-2 战斗工程车

IMR-2 战斗工程车（IMR-2 Combat engineering vehicle）是苏联设计制造的重型履带式战斗工程车，1983 年开始服役。

吊杆特写

推土铲特写

基本参数	
长度	9.55 米
宽度	4.35 米
高度	3.68 米
重量	44.3 吨
最大速度	50 千米/时
相关简介	

研发历史

IMR-2 战斗工程车的研制工作始于 20 世纪 70 年代后期，1980 年设计定型，1982 年开始批量生产，1983 年正式服役。该车服役后先后参加过苏联入侵阿富汗战争、第一次车臣战争、第二次车臣战争、叙利亚内战等重大战争。苏联解体后，IMR-2 战斗工程车仍在俄罗斯军队服役，截至 2019 年 4 月仍然在役。

实战性能

IMR-2 战斗工程车由履带式底盘、通用推土铲、吊杆、车辙式扫雷犁组成。车上装有免遭大规模杀伤武器破坏的防护系统、烟幕施放系统以及发动机舱的自动灭火设备。自卫武器是 1 挺 12.7 毫米高平两用机枪。IMR-2 战斗工程车可完成包括清障、构筑行军公路、扫雷、挖掘掩体等工程作业，其开辟岩石障碍通路的速度为 0.30～0.35 千米/时，挖掘 1.1～1.3 米深壕沟的速度为 5～10 千米/时，吊臂的起吊重量为 2 吨，吊臂伸出的最大长度为 8.4 米，平均扫雷速度为 6～15 千米/时。

趣味小知识

IMR-2 战斗工程车采用 12 缸四冲程多燃料水冷柴油发动机，具有 2 种启动系统：压缩空气启动系统和电启动系统。2 种启动系统可以单独使用，也可以联合启动。

乌拉尔 4320 卡车

乌拉尔 4320（Ural 4320）卡车是苏联乌拉尔汽车厂生产的军用卡车，1977 年开始服役。

车头特写

大灯特写

研发历史

乌拉尔 4320 卡车是较早的乌拉尔 375D 系列卡车（使用汽油发动机）的发展型，1977 年开始批量生产并装备部队。该车有着极高的可靠性，便于修理和保养。经过不断的发展，如今乌拉尔 4320 系列卡车已有约 150 种变型车，其中许多车型为商业应用型。截至 2017 年 7 月，乌拉尔 4320 卡车仍在生产。

基本参数

长度	7.37 米
宽度	2.5 米
高度	3 米
重量	15.3 吨
最大速度	82 千米/时
相关简介	

实战性能

乌拉尔 4320 卡车分为 6×6 和 4×4 两种类型。其中，6×6 军用系列有 5 种车型，均有标准的侧卸载货车体，以及 4 座驾驶室。乌拉尔 4320 卡车可以在各种道路和地形上运输货物、人员和拖挂拖车。另外，也可作为 BM-21 火箭炮的发射平台。乌拉尔 4320 卡车 6×6 车型的有效载荷为 6 吨至 12 吨，而 4×4 车型的有效载荷为 5.5 吨。该车的底盘有很好的通过能力，因此它可以在难以修筑道路的沙漠地区或多岩石的地区使用。

趣味小知识

乌拉尔 4320 卡车前桥的悬挂系统使用钢板弹簧配合两个弹簧液压伸缩式减震器，有助车辆在崎岖道路行驶时能够快速消除钢板弹簧的震动，从而使得车辆平稳行驶。

Chapter 05

重型火炮和导弹

苏联是老牌火炮强国，曾经生产了多款威力惊人的重型火炮。进入导弹时代以后，苏联也非常重视这种精确制导武器，各类先进导弹层出不穷。作为苏联军事遗产的最大继承者，俄罗斯同样拥有强大的火炮和导弹武器。

BM-21 自行火箭炮

BM-21 火箭炮是苏联于 20 世纪 60 年代研制的 122 毫米 40 管自行火箭炮，绰号"冰雹"（Grad）。

发射架特写　　　车头特写

基本参数	
长度	7.35 米
宽度	2.4 米
高度	3.09 米
重量	13.71 吨
最高速度	75 千米/时
相关简介	

研发历史

BM-21 火箭炮于 20 世纪 60 年代开始研制，1963 年开始装备苏联陆军炮兵部队，摩托化步兵师和坦克师属炮兵团均编有 1 个 BM-21 火箭炮营，装备该炮 24 门。除苏联外，阿尔及利亚、安哥拉、保加利亚、乍得、古巴、埃及、埃塞俄比亚、匈牙利、伊朗、伊拉克、黎巴嫩、墨西哥、莫桑比克、尼加拉瓜、波兰、叙利亚、坦桑尼亚、越南、赞比亚等国也都装备了这种火箭炮。

实战性能

BM-21 自行火箭炮由导向管、摇架、高低机、方向机、平衡机、瞄准装置和车体等部分组成，导向管分 4 层排列，每层 10 管，使用二道金属带固定，下方有侧面为梯形的底托与基座连接，在各型火箭炮中，属布局相对简单的一类。BM-21 自行火箭炮通常配置在己方前沿后 2～6 千米的范围内，压制纵深为 14～18 千米。该炮发射速度快，火力猛烈；行军状态和战斗状态转换快速，射击准备时间短；越野机动能力强。不过，BM-21 火箭炮也存在射击精度较低，稳定性稍差，发射时火光大，易暴露等缺点。

趣味小知识

BM-21 火箭炮可发射爆破杀伤火箭弹、化学燃烧火箭弹等，全营齐射能发射 720 枚火箭弹或化学弹，超过美国陆军师全部常规火炮一次齐射量。

Chapter 05 重型火炮和导弹

2S3 自行加榴炮

2S3 自行加榴炮是苏联于 20 世纪 60 年代末研制的一种 152 毫米自行加榴炮，1971 年开始服役。

炮口特写

尾部特写

基本参数

长度	8.4 米
宽度	3.25 米
高度	3.05 米
重量	28 吨
最高速度	63 千米/时
相关简介	

研发历史

2S3 自行加榴炮是苏联针对美国 155 毫米 M109 自行榴弹炮而研制的自行火炮，整项计划始于 1967 年 7 月苏联部长理事会决议，1968 年设计定型，1971 年投入使用。此后，又陆续出现了几种改进型，包括 1975 年到 1987 年生产的 2S3M 型，1987 年到 1993 年生产的 2S3M1 型，以及最新升级版 2S3M2 型。截至 2019 年 5 月，俄罗斯陆军仍然大量装备 2S3 自行加榴炮。

实战性能

2S3 自行加榴炮由 PI-20 式加榴炮和"萨姆 4"导弹发射车底盘结合而成，驾驶和传动系统在车体前部，大型炮塔在车体后方，驾驶员位于左前部，其后方有一个单片式舱盖。车体采用封闭式设计，三防能力较强，可以空运。火炮身管长为 29 倍口径，装有炮口制退器和抽烟装置，由机械装填机装填弹药，可发射榴弹、火箭增程弹、穿甲弹、化学弹等多种常规弹药或核弹，其中发射榴弹时初速 670 米/秒，最大射程 18.5 千米，最大射速 4 发/分。

趣味小知识

与其他苏联火炮一样，2S3 自行加榴炮有许多名称：苏联陆军称它为 OS-152 式；苏联工业界称它为 2S3；北约则称为 M1973，是以它第一次公开出现的年份为名。

2S5 自行加农炮

2S5 自行加农炮是苏联于 20 世纪 70 年代研制的 152 毫米自行加农炮,绰号"风信子"(hyacinth)。

炮尾结构特写

顶部舱门特写

研发历史

2S5 自行加农炮是苏联于 20 世纪 70 年代初期研制的 2 种 152 毫米火炮之一,另一种是 2A36 拖曳式榴弹炮。两者均在 20 世纪 70 年代中期开始量产,但 2S5 自行加农炮从未公开展出,而 2A36 拖曳式榴弹炮则在 1976 年公开展出,故北约给予 M1976 代号。2S5 自行加农炮直到 1981 年才被西方国家所知,故其北约代号为 M1981。2S5 自行加农炮于 1980 年开始列装,主要装备苏联炮兵师和集团军属炮兵旅。除苏联外,2S5 自行火炮的其他用户主要是华沙公约组织国家的陆军,并少量出售给芬兰陆军。

基本参数	
长度	8.33 米
宽度	3.25 米
高度	2.76 米
重量	28.2 吨
最高速度	62 千米/时
相关简介	

实战性能

2S5 自行加农炮采用 1 门 M1976 式 152 毫米加农炮,安装在底盘后部。火炮装有炮口制退器,没有抽气装置,也不设炮塔。射击时,放下车体后面的大型驻锄,以便承受炮身后坐力。2S5 自行加农炮的弹药采用弹头与装药分离的分装式弹药设计,可使用 46 千克重的高爆破片炮弹(最大射程为 28.4 千米)、火箭助推炮弹(最大射程 40 千米),以及化学炮弹、特殊用途炮弹和战术核子炮弹等,也可发射激光导引炮弹以精确攻击点目标。除主炮外,车体上还装有 1 挺可遥控的 7.62 毫米机枪与 1 具探照灯。

趣味小知识

2S5 自行加农炮接获射击任务、进入战斗位置后,会将车尾的大型驻锄插入地面,以提供射击时的稳定性,待命备射需要 1 分钟左右,撤收需要 2 分钟左右。

Chapter 05 重型火炮和导弹

2S9 自行迫击炮

2S9 自行迫击炮是苏联于 20 世纪 70 年代研制的一种可用于空降的 120 毫米自行迫击炮，现仍在俄罗斯军队中服役。

尾部特写

车头特写

基本参数	
长度	6.02 米
宽度	2.63 米
高度	2.3 米
重量	8.7 吨
最高速度	60 千米/时
相关简介	

研发历史

2S9 自行迫击炮于 20 世纪 70 年代后期研制，1979 年开始批量生产并一直持续到 1989 年。1981 年，2S9 自行迫击炮开始装备苏联军队。除了苏联空降突击师外，少数陆军部队和海军步兵也有部署，也曾参与 1979 年阿富汗战争，战后苏联将部分车辆转交阿富汗政府军使用。苏联解体后，俄罗斯军队仍继续使用 2S9 自行迫击炮。此外，阿塞拜疆、白俄罗斯、吉尔吉斯斯坦、摩尔多瓦、土库曼斯坦、乌克兰、乌兹别克斯坦等国也仍有一定数量的 2S9 自行迫击炮服役。

实战性能

2S9 自行迫击炮的主炮为 2A60 型 120 毫米后膛装填式迫击炮，具有极为少见的间断式螺旋炮闩机构，采用人力装填作业，最高射速为 10 发 / 分。使用的弹药依间接或直接射击方式可分为两大类：间接射击时可选用高爆炮弹、白磷弹和烟幕弹等弹种，发射高爆弹时最大射程 8.8 千米，若使用火箭助推炮弹时最大射程可达 12.8 千米；直接射击时使用反坦克高爆弹，可击穿 600 毫米厚均质钢板。

趣味小知识

由于重量较轻，2S9 自行迫击炮可以利用任何一种型号的俄制中型运输机（如安 -22）或重型运输机（如伊尔 -76）载运，并透过 PRSM-915 重型空投缓降系统（操作高度 300 米至 1500 米）进行空降作业。

2S19 自行榴弹炮

2S19 自行榴弹炮是苏联于 20 世纪 80 年代末研制的 152 毫米履带式自行榴弹炮,从 1989 年服役至今。

尾部特写

头部特写

基本参数	
长度	7.15 米
宽度	3.38 米
高度	2.99 米
重量	44.5 吨
最高速度	60 千米/时
相关简介	

研发历史

20 世纪 70 年代中期,苏联与北约国家同时认识到必须统一陆军师和集团军一级火炮的口径。苏联军界决定将 122 毫米、130 毫米、152 毫米、180 毫米和 203 毫米火炮,统一更换为使用分装式弹药的 152 毫米牵引式火炮和自行火炮。在伏尔加格勒"街垒"设计局总设计师谢尔盖耶夫领导下,2S19 自行榴弹炮的研制工作于 1976 年启动。1987 年,2S19 自行榴弹炮投入批量生产,1989 年交付部队服役。该炮及其改进型号,曾出口到白俄罗斯、乌克兰、埃塞俄比亚等国。

实战性能

2S19 自行榴弹炮全新设计的钢焊接结构炮塔体积庞大,在近距离内可防轻机枪和大口径榴弹破片的攻击。战斗室密封性相当好,室内装有标准的三防装置,可保证乘员在核生化条件下作战。火炮上装有密封严密的护罩,使乘员免受火炮后坐部分和发射药燃烧气体的影响。2S19 自行榴弹炮的火炮由陆军常规的 152 毫米 2A65 型牵引榴弹炮改良而成,装填自动化程度相当高。

趣味小知识

埃塞俄比亚是最早进口 2S19 自行榴弹炮的国家,该国在 1999 年与厄里特立亚爆发武装冲突期间购买了 10 辆。埃方对厄里特立亚运输车队的一次精确打击导致后者全面溃败,并误以为是空袭,因为在远距离上听不到火炮射击的声音。

Chapter 05 重型火炮和导弹

2S31 自行迫榴炮

2S31 自行迫榴炮是俄罗斯于 20 世纪 90 年代研制的 120 毫米自行迫榴炮，绰号"维娜"（Vena），2010 年开始服役。

尾部特写

头部特写

基本参数

长度	7 米
宽度	3 米
高度	3 米
重量	19.1 吨
最高速度	70 千米 / 时
相关简介	

研发历史

20 世纪 70 年代至 90 年代，苏联相继推出了 259、2B-16 和 2S23 三种 120 毫米迫榴炮，形成世界上独一无二的迫榴炮系列，但机动能力仍无法完全满足现代作战的需求。为此，俄罗斯开始研制 2S31 "维娜"自行迫榴炮，1993 年在中东国际防务展览会上首次展出模型。由于苏联解体后俄罗斯军队经费紧张，直到 2010 年 2S31 自行迫榴炮才装备部队。

性能解析

2S31 自行迫榴炮采用 BMP-3 步兵战车底盘，装有封闭式炮塔、计算机火控系统、自动供输弹装置、射击辅助设备。主炮为 2A80 式 120 毫米线膛炮，采用炮尾装填方式，没有炮口制退器，但配有圆桶形排烟装置。炮塔可以 360 度旋转，内部安装了先进的弹道计算机，从炮弹上膛直到发射均为自动控制。

趣味小知识

2S31 自行迫榴炮可以充分满足现代条件下诸兵种作战和对敌火力打击的需要，能对付暴露和掩蔽的敌方有生力量、火力兵器、指挥观察所、重要的高机动性点目标及近距离装甲目标等。

2B9 迫击炮

2B9 迫击炮是苏联于 20 世纪 60 年代研制的 82 毫米牵引式迫击炮,绰号"矢车菊"(Vasilek)。2B9 迫击炮与嘎斯 -66 运输车合称为 2K21 迫击炮武器系统。

后膛特写

侧面特写

基本参数

口径	82 毫米
炮管长	1.58 米
重量	632 千克
最大射速	30 发 / 分
有效射程	4720 米
相关简介	

研发历史

1946 年,苏军提出发展一种具有极高爆发射速的概念火炮,研制工作由设计师维克多·菲利波夫主持。1959 年,第一门原型自动速射迫击炮通过工程鉴定,但最终因为某些原因被搁置。到了 20 世纪 60 年代后期,苏军大量装备的二战时期研制的 M1943 式 120 毫米迫击炮已经陈旧不堪,急需一种换代产品。鉴于苏军早已实现全军摩托机械化,因而苏军装备论证部门认为步兵分队有能力装备更重一些、火力更猛一些的火炮。于是,被搁置的菲利波夫自动速射迫击炮方案被军方重新提上议事日程。1967 年得以恢复研制,1970 年正式定型,被命名为 2B9 迫击炮。

实战性能

2B9 迫击炮的高低射界从 -1 度到 +85 度,既可平射坦克,也可曲射碉堡。该炮的炮管中部装有冷却室,中间填满冷却水,水冷的设计使其拥有半小时内 300 发的持续射击能力。2B9 迫击炮的缺点在于系统重量大、弹丸威力小、精度差散布大、射程近等。该炮重达 632 千克,是当时主流 120 毫米迫击炮重量的三倍,是多数 82 毫米迫击炮重量的 15 倍。2B9 迫击炮只能牵引或车载化,形成"大车拉小炮"的怪现象。

趣味小知识

1973 年,2B9 迫击炮编入一些苏军摩托化步兵团进行试验,随后开始以连为单位大规模装备苏军负有山地作战任务的摩托化步兵团和摩托化步兵营。

Chapter 05 重型火炮和导弹

P-15 反舰导弹

P-15 反舰导弹是苏联彩虹设计局于 20 世纪 50 年代设计的舰对舰导弹，北约代号为 SS-N-2 "冥河"（Styx），从 1960 年服役至今。

研发历史

1953 年，作为 P-5 系列导弹的补充，苏联命令彩虹设计局进行中型反舰导弹的研究，并在 1955 年时，批准研制配套的"奥萨"级导弹艇以替代鱼雷艇，主要用于巩固岸防体系。1957 年 10 月，P-15 反舰导弹在黑海进行首次试射。1960 年，开始交付苏联海军。

基本参数	
长度	5.8 米
直径	0.76 米
重量	2.58 吨
最高速度	0.95 马赫
最大射程	80 千米
相关简介	

实战性能

P-15 反舰导弹的战斗部为聚能穿甲型，战斗部重量为 500 千克。制导方式上，采用中段自动驾驶仪和末段主动雷达寻的复合制导。P-15 反舰导弹主要装备导弹艇，如"蚊子"级、"黄蜂"级、"奥萨"级等，适于攻击中大型水面舰船。1967 年第三次中东战争中，埃及海军的"蚊子"级导弹艇发射 6 枚 P-15 反舰导弹，击沉了以色列"埃拉特"号驱逐舰和 1 艘商船，揭开了海上导弹战的序幕。1971 年印巴战争中，P-15 反舰导弹也取得了 13 发 12 中的战绩。不过，P-15 反舰导弹的抗干扰性能差，已不适应当前电子战环境，现已停止生产。

趣味小知识

P-15 反舰导弹的气动外形参考了雅克 -1000 试验机，翼展达 2.4 米。

P-500 反舰导弹

P-500 反舰导弹是苏联研制的采用液体火箭冲压发动机推进的超音速反舰导弹,北约代号为 SS-N-12 "沙盒"(Sandbox)。

头部特写

发射筒尾部特写

基本参数

长度	11.7 米
直径	0.88 米
重量	4.8 吨
最高速度	2.5 马赫
最大射程	550 千米
相关简介	

研发历史

P-500 反舰导弹由切洛梅设计局研发,用于替代 P-5 反舰导弹(北约代号为 SS-N-3"柚子")。该导弹于 1973 年完成研发工作,1975 年首次部署到"基辅"号航空母舰,之后又部署到"回声"级潜艇和"朱丽叶"级潜艇。"光荣"级导弹巡洋舰则部署了 P-500 反舰导弹的改进型(重点改进导航和推进系统)。

实战性能

由于采用冲压发动机作为动力装置,P-500 反舰导弹具有射程远、飞行速度快、抗干扰能力强、战斗部威力大、命中率高、毁伤能力强等特点。与俄罗斯其他现役反舰导弹不同,P-500 反舰导弹不是掠海攻击模式而是采用先高空、后低空最后俯冲攻击的攻击模式。导弹发射后会先爬升到巡航高度,制导系统获取目标后,在距离目标约 90 千米时下降至 300 米以下低空飞行,最后以小角度俯冲攻击目标。

趣味小知识

P-500 反舰导弹采用的冲压喷气发动机是一种利用迎面气流进入发动机后减速,使空气提高静压的一种空气喷气发动机。它通常由进气道、燃烧室、推进喷管三部分组成。

Kh-35 反舰导弹

Kh-35 反舰导弹是俄罗斯研制的喷气式亚音速反舰导弹，北约代号为 SS-N-25 "弹簧刀"（Switchblade），2003 年开始服役。

研发历史

Kh-35 反舰导弹被设计用于攻击 5000 吨以下的舰船，因与美国 AGM-84 "鱼叉"反舰导弹类似，也被戏称为"鱼叉斯基"。该导弹的研发工作始于 1983 年，其研发进度受苏联解体的影响较大，直到 2003 年才最终定型并开始批量生产。

基本参数	
长度	4.4 米
直径	0.42 米
重量	0.61 吨
最高速度	0.8 马赫
有效射程	300 千米
相关简介	

实战性能

Kh-35 反舰导弹可以在直升机、飞机、水面舰艇上发射，也加装助推器后在岸上发射。该导弹在固定翼飞机上使用时，固体火箭助推器可根据作战需要拆卸下来。Kh-35 反舰导弹的主动雷达导引头具有抗电子干扰能力，巡航速度为 300 米/秒，巡航高度为 200～500 米，掠海高度为 5～10 米。

趣味小知识

Kh-35 反舰导弹采用与美国 AGM-84 "鱼叉"反舰导弹相同的气动外形布局：4 片切梢三角形折叠式大弹翼位于弹体中部，4 片切梢三角形折叠式小控制舵面位于弹体后部。

P-800 反舰导弹

P-800 反舰导弹是俄罗斯研制的超音速反舰导弹,北约代号为 SS-N-26 "球果"(Strobile),2002 年开始服役。

研发历史

20 世纪 80 年代末,苏联正式启动研制新一代反舰导弹的计划,负责设计工作的总工程师是机器制造科研生产联合体的叶弗列莫夫。苏联解体后,尽管俄罗斯遭遇了严重的经济危机,但研制工作仍取得了重大进展,到 20 世纪 90 年代中期进入了试验阶段,并在 1999 年的莫斯科航展上推出了第一个样品。2002 年,P-800 反舰导弹开始服役。

基本参数	
长度	8.9 米
直径	0.7 米
重量	3 吨
最高速度	2.5 马赫
最大射程	300 千米
相关简介	

实战性能

P-800 反舰导弹具有重量轻、尺寸小、隐身性好、飞行速度快、发射后不用管等优点。该导弹具有超强的攻击能力,可在较强火力攻击和复杂的电子干扰条件下,对敌方水面舰艇编队或单个水面战舰目标实施单发或齐射攻击。该导弹飞行速度 2.5 马赫,末段飞行高度可降至 5 米,采用复合导航系统,巡航段为惯性导航,末段为有源雷达制导。依据发射弹道不同,最大射程分别为 120 千米和 300 千米。

趣味小知识

P-800 反舰导弹的发动机使用了迎面进气口,这种技术方案大大提高了导弹的空气动力性能,同时又缩小了弹体的直径。

Chapter 05 重型火炮和导弹

3M-54"俱乐部"巡航导弹

3M-54"俱乐部"（Kalibr）巡航导弹是俄罗斯革新家设计局研发的通用巡航导弹，可由水面舰船或潜艇发射，北约代号为SS-N-27"炽热"（Sizzler）。

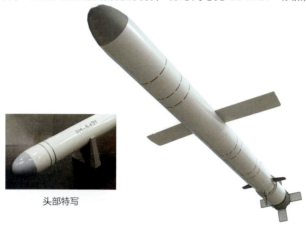

基本参数	
长度	8.9米
直径	0.533米
重量	2.3吨
最大射程	660千米
最高速度	2.9马赫
相关简介	

头部特写

尾部特写

研发历史

苏联解体后，尽管俄罗斯军队面临着严重的混乱和财政困难，但他们仍然渴望发展一种对标美国"战斧"巡航导弹的通用远程常规巡航导弹。1992年，俄罗斯革新家设计局和诺瓦托设计局开始在3M-10导弹基础上研制新一代巡航导弹，这种导弹的弹径被限制在533毫米，以便满足从潜艇的533毫米鱼雷发射管发射的要求。新一代巡航导弹被命名为3M-54"俱乐部"。这是一个庞大的导弹家族，按搭载平台分为潜射型、舰载型、岸基型、空射型。

实战性能

"俱乐部"巡航导弹具有体积小、重量轻、精度高、威力大的特点，采用亚音速或亚超音速结合的弹道，具有很高突防概率和命中率。该导弹的设计特点在于用标准的火控系统控制多种型号的导弹，针对不同的任务和战术环境，能够选择相应的导弹。由于具有相同的发射系统，因此，任何水面舰艇、潜艇或战机都可根据实际需要，灵活进行选择。此外，"俱乐部"巡航导弹还专门设计了规避主动防空和电子对抗手段。

趣味小知识

"俱乐部"巡航导弹一共研发了整体高爆、高爆燃烧、温压、集束子母、热核5种战斗部。

R-33 空对空导弹

R-33 空对空导弹是苏联研制的远程空对空导弹,北约代号为 AA-9"阿摩司"(Amos),1982 年开始服役。

头部特写

尾部特写

研发历史

20 世纪 80 年代初,为进一步提高远程空对空导弹的机动能力,"三角旗"机械制造设计局研制出 R-33 空对空导弹,1982 年开始装备部队。目前,在俄罗斯国土防空兵中只有米格 -31 战斗机装备了 R-33 空对空导弹,它被用来拦截敌方高空高速侦察机、战略轰炸机等大型空中目标。

基本参数	
长度	4.14 米
直径	0.38 米
重量	0.49 吨
最高速度	4.5 马赫
有效射程	304 千米
相关简介	

实战性能

R-33 空对空导弹主要作为米格 -31 战斗机的主力武器,类似美国 F-14 战斗机和 AIM-54 "不死鸟"导弹的组合。与 AIM-54 空对空导弹的主动雷达导引不同,R-33 空对空导弹是半主动雷达导引,因此射程较短,但配合米格 -31 战斗机的相控阵雷达,仍能有效摧毁低飞的战略轰炸机或巡航导弹,或者在高空飞行的战略侦察机。

趣味小知识

由于拦截目标和性能要求类似,R-33 空对空导弹的弹体结构、外形很像美国 AIM-54 "不死鸟"空对空导弹,两者最大的区别在于制导方式。

R-73 空对空导弹

R-73 空对空导弹是苏联研制的短程空对空导弹,北约代号为 AA-11 "箭手"(Archer),1984 年开始服役。

头部特写

尾翼特写

研发历史

20 世纪 70 年代初,苏联为了与西方国家保持均势,研制了数款新一代前线战斗机,包括苏-27 和米格-29。为了给这些战斗机配备相应的导弹武器,苏联除了继续改进 R-60 空对空导弹外,还考虑研制一种新的空对空导弹。1974 年 7 月,三角旗机械制造设计局开始研制 R-73 空对空导弹,1976 年完成概念设计。1984 年,R-73 空对空导弹开始装备部队。

基本参数	
长度	2.93 米
直径	0.165 米
重量	0.105 吨
最高速度	2.5 马赫
有效射程	40 千米
相关简介	

实战性能

R-73 空对空导弹可由苏-24、苏-25、苏-27、米格-21、米格-23、米格-29 等战机携带,米-24、米-28 和卡-50 等直升机也可使用。该导弹采用红外线导引,配有一具低温冷却式寻标器,真正具有"离轴攻击"的能力:寻标器可以追踪距导弹中心轴上 60 度角的目标。它可由佩戴头盔瞄准具的飞行员以目视方式锁定目标,最小的攻击范围约 300 米,在同高度下最大射程达 30 千米。

趣味小知识

R-73 空对空导弹采用鸭式气动布局,弹翼上采用了稳定副翼,弹翼前采用了前升力小翼,弹翼和舵面位置呈 X 形。

R-77 空对空导弹

R-77 空对空导弹是苏联研制的中程空对空导弹,北约代号为 AA-12 "蝰蛇"(Adder),1994 年开始服役。

研发历史

20 世纪 80 年代,为进一步提高导弹机动能力和抗干扰能力,三角旗机械制造设计局开始研制类似美国 AIM-120 先进中程空对空导弹的 R-77 空对空导弹。苏联解体后由于经费的限制及生产线从基辅转到莫斯科,R-77 空对空导弹项目一拖再拖,直到 1994 年才开始小批量生产。

基本参数

长度	3.71 米
直径	0.2 米
重量	0.19 吨
最高速度	4 马赫
有效射程	110 千米
相关简介	

实战性能

R-77 空对空导弹可供苏-35、米格-29 和苏-57 等战斗机使用,有全天候和"射后不理"攻击能力,还有一定的抗电子干扰能力,其自带的主动雷达可以发现最远在 20 千米处、雷达反射波面积为 5 平方米的空中目标。R-77 空对空导弹在简单和复杂气象条件下,都可以全方位攻击任何空中目标,包括高机动性战斗机、对地攻击机和直升机。

趣味小知识

R-77 空对空导弹在外观上最大的特点是网状尾翼,这种设计在苏联弹道导弹上早有运用,能让导弹适应 12G 的高机动性动作。

R-37 空对空导弹

R-37 空对空导弹是苏联研制的远程空对空导弹,北约代号为 AA-13"箭"(Arrow),1998 年开始服役。

研发历史

R-37 空对空导弹于 20 世纪 80 年代末开始研制,由 R-33 空对空导弹改进而来,研制工作由三角旗机械制造设计局负责。R-37 空对空导弹担负的任务与 R-33 空对空导弹不同,主要是远程攻击情报、侦察和监视平台,以及信息战/电子战平台。截至 2019 年 5 月,R-37 空对空导弹仍是俄罗斯军队的重要导弹。

基本参数	
长度	4.2 米
直径	0.38 米
重量	0.6 吨
最高速度	6 马赫
有效射程	398 千米
相关简介	

实战性能

R-37 空对空导弹采用常规气动布局,弹翼的位置相对于 R-33 空对空导弹而言比较靠前,其平面形状为前缘后掠角很大的扁梯形,尾翼为 4 片呈 X 形配置的矩形翼。弹体中部装有大型导流片,提高了导弹的升力,尾翼可折叠。R-37 空对空导弹主要装备俄罗斯米格 -31BM 改进型截击机和出口至叙利亚的米格 -31 战斗机上。该导弹的射程根据飞行剖面不同而不同,直接攻击时射程为 148 千米,以巡航滑行剖面飞行时射程为 398 千米。

> **趣味小知识**
> 在 1994 年的一次试验时,R-37 空对空导弹击中了 300 千米以外的目标,创下远程导弹的攻击距离纪录。

2K22 自行防空系统

2K22 自行防空系统是苏联于 20 世纪 70 年代开始研制的防空武器系统,绰号"通古斯卡"(Tunguska),1982 年开始服役。

头部特写

尾部特写

基本参数	
长度	7.9 米
宽度	3.25 米
高度	4 米
重量	35 吨
最高速度	65 千米/时
相关简介	

研发历史

2K22 自行防空系统的研发工作始于 1970 年 6 月。在苏联国防部的要求下,KBP 仪器设计局开始研发 1 款取代 23 毫米 Z 苏 -23-4 的自行高射炮,项目代号为"通古斯卡"。该项目旨在为苏联的地面部队提供全天候的防空力量,其主要目标是打击低空飞行直升机或反步兵,北约将其命名为 SA-19 "灰鼬鼠"(Grison)。除了俄罗斯,2K22 自行防空系统还出口到白俄罗斯、印度、摩洛哥、缅甸、叙利亚、乌克兰和也门等国。

实战性能

2K22 自行防空系统采用 GM-352M 型履带式底盘,车体为钢装甲焊接结构。变速箱为液力机械式,每侧 6 个双轮缘负重轮、3 个托带轮,主动轮在前,诱导轮在后,悬挂装置为扭杆式。车内还有燃气轮机辅助动力装置、三防装置、陀螺仪导航系统、自动灭火抑爆装置和加温供暖装置等。2K22 自行防空系统的火炮武器是 2A38 型 30 毫米双管高炮,采用电击发。2 门火炮交替射击,可以相互补偿后坐,减小后坐力。

趣味小知识

2K22 自行防空系统有 4 名乘员,分别是车长、炮长、雷达操纵手和驾驶员。前三名乘员位于炮塔内,驾驶员位于车体前部左侧。

Chapter 05 重型火炮和导弹

"铠甲-S1"防空系统

"铠甲-S1"防空系统是俄罗斯在2K22"通古斯卡"防空导弹系统基础上改进而来的轮式自行弹炮合一防空系统,北约代号为SA-22"灰狗"(Greyhound)。

内建雷达特写

导弹发射装置和火炮特写

基本参数	
导弹长度	3.2米
导弹直径	0.17米
导弹重量	0.09吨
最高速度	3.8马赫
有效射程	20千米
相关简介	

研发历史

"铠甲-S1"防空系统的研制工作始于1994年,其初衷并非是为了取代"通古斯卡"防空系统。俄罗斯军队总结1991年海湾战争的经验教训时,发现北约部队对伊拉克的空中打击每出击3000架次才被防空火力击落1架,防空效率仅及越南战争的1/4。不过,俄罗斯军队仍然对"通古斯卡"防空系统的野战防空能力抱有信心,认为其略加改进即可应付2000年以后的近距空中威胁。2012年,"铠甲-S1"防空系统正式服役。

性能解析

"铠甲-S1"防空系统是"通古斯卡"防空系统的升级版本,使用相控阵雷达的目标获取与跟踪,有导弹和高射炮两种武器集成在一具雷达控制上,具有行进间作战能力。"铠甲-S1"防空系统由炮塔、炮塔控制系统、防空导弹、发射装置、操作和技术保障设备等构成。该系统装备12枚射程为20千米的地对空导弹和2门30毫米口径的自动火炮。它可以同时发现并跟踪20个目标,既可在固定状态下,也可在行进中对其中4个目标实施打击。

趣味小知识

2019年3月11日,1辆俄军"铠甲-S1"防空系统发射车发生侧翻事故,具体原因是在公路行进时,这辆防空系统发射车的司机操控失灵,导致车辆侧翻。

2K12"卡勃"地对空导弹

2K12"卡勃"（Kub）地对空导弹是苏联于20世纪50年代末开始研制的机动式中低空中程野战地对空导弹系统，北约代号为SA-6，1970年开始服役。

前方特写

侧面特写

研发历史

"卡勃"地对空导弹的研制工作始于1959年，由苏联托罗波夫OKB-134特种工程设计局设计，是著名设计师伊凡诺维奇·托罗波夫一生的最后作品。该导弹于1967年定型，1968年开始由莫斯科信号旗机械制造设计局与吉哈米洛夫仪器设计科学研究院生产，1985年停止生产。截至2019年5月，"卡勃"地对空导弹仍在服役。

基本参数	
长度	5.8米
直径	0.335米
重量	0.599吨
最高速度	2.8马赫
有效射程	24千米
相关简介	

实战性能

"卡勃"地对空导弹的制导雷达采用多波段多频率工作，抗干扰能力较强。导弹采用固体火箭冲压组合发动机，比冲（用于衡量火箭效率的重要物理参数）较高。该导弹的主要缺点是制导系统技术落后，采用了大量电子管，体积大、耗电多、维修不便和操作自动化低等。此外，"卡勃"地对空导弹的发射车上没有制导雷达，一旦雷达车被击毁，整个导弹连就丧失了战斗力。

趣味小知识

"卡勃"导弹采用尖卵形弹头，圆柱形弹体。弹体中部有冲压发动机进气孔，进气道向后延伸，外观沿弹体方向呈四道凸起。

Chapter 05 重型火炮和导弹

9K330"道尔"地对空导弹

9K330"道尔"（Tor）地对空导弹是苏联于20世纪70年代开始研制的机动型全天候近程防空武器，北约代号为SA-15。

发射车尾部特写

发射车侧面特写

基本参数	
长度	2.9 米
直径	0.235 米
重量	0.167 吨
最高速度	2.5 马赫
有效射程	12 千米
相关简介	

研发历史

"道尔"地对空导弹的研制始于20世纪70年代中期，1983年设计定型并开始批量生产，1986年基本型开始装备苏联陆军部队。之后，阿尔玛兹·安泰设计局又在基本型的基础上继续改进，研制出9K331 Tor M1（1991年开始部署）、9K332 Tor M2（2008年开始部署）等改进型。此外，还研制了海军型，被命名为3K95"匕首"，北约代号为SA-N-9。

实战性能

"道尔"导弹具有全天候作战、三防、空运部署能力。车载"道尔"导弹系统集运输、发射、雷达功能于一体，可以独立完成防空作战，也可集成入更大的防空系统协同作战。车载8发垂直发射导弹，装在两部容器中，每部容器有4发导弹。"道尔"导弹系统配套的现代化相控阵雷达，可跟踪24千米距离的空中目标。

趣味小知识

"道尔"导弹车载系统使用GM-569履带式底盘，3名乘员分别是车长、系统操作员、驾驶员。

OTR-21 "圆点"地对地导弹

OTR-21"圆点"（Tochka）地对地导弹是苏联于20世纪70年代研制的近程地对地战术弹道导弹，北约代号为SS-21"圣甲虫"（Scarab），1976年开始服役，目前仍是俄罗斯地对地战术导弹武器中的中坚力量。

发射车侧面特写

发射车前脸特写

基本参数

长度	6.4 米
直径	0.65 米
重量	2.01 吨
最高速度	5.3 马赫
有效射程	185 千米

相关简介

研发历史

"圆点"地对地导弹于20世纪60年代末期开始发展，计划装备前线部队，用于攻击敌方纵深的导弹发射架、地面侦察设备、指挥所、机场、弹药库、燃料库等重要目标，还可攻击重要的防空导弹系统，压制敌方防空火力。"圆点"导弹于1976年装备苏军部队，1985年才对外公开。

实战性能

"圆点"地对地导弹的主要用途是攻击敌人的导弹发射阵地、指挥所、弹药库、燃料库等重要军事目标。每套"圆点"导弹系统由1辆发射车和1辆弹药车组成，两种车都有较高的机动能力。早期的"圆点"导弹最大射程只有70千米，不能满足攻击纵深目标的需要。1989年以后装备的"圆点"导弹经过重大改进，采用先进的固体燃料发动机，最大射程增加到185千米。

趣味小知识

"圆点"导弹可以配用常规弹头、核子弹头、化学弹头、末段制导弹头或子母弹头。

OTR-23 "奥卡"地对地导弹

OTR-23 "奥卡"（Oka）地对地导弹是苏联于20世纪80年代研制的近程地对地战术导弹，北约代号为SS-23 "蜘蛛"（Spider），1980年开始服役。

发射车头部特写

发射车尾部特写

研发历史

20世纪80年代，苏军的战略思想发生了重大变化，强调不仅要打核大战，又要打常规战争，尤其重视提高炮兵在常规战争中攻击纵深目标的能力。"奥卡"地对地导弹就是在这种情况下研制而出，它不仅用于打击战场上的战术目标，还用来打击战役范围的纵深目标。"奥卡"导弹原计划部署250枚，但是美国、苏联签订的《中程核武器条约》规定不得部署和生产射程500千米以上的核武器，因此"奥卡"导弹在部署167枚以后就停止装备。

基本参数

长度	7.53米
直径	0.89米
重量	4.36吨
最高速度	8.6马赫
有效射程	500千米
相关简介	

实战性能

"奥卡"导弹采用先进的固体燃料火箭发动机，导弹的长度只有7.53米，有效射程却达到500千米。为了提高对远距离目标的射击精度，"奥卡"导弹还采用了先进的惯性制导技术，使它的偏差距离减小到350米以内。为了提高快速机动能力，导弹采用第三代大型轮式车作为运输兼发射车，在长长的车体后部，装有2个长方形的发射箱，每个箱内存放1枚导弹。平时2个发射箱平放在车上，外面涂有迷彩伪装。

趣味小知识

"奥卡"导弹的发射车看上去就像普通的军用运输车，既可以隐蔽自己，免遭敌人意外袭击，又可以保护导弹，免受战场尘土侵袭，有利于日常维护保养。

RT-23 弹道导弹

RT-23 弹道导弹是苏联于 20 世纪 70 年代初开始研制的洲际弹道导弹,北约代号为 SS-24"手术刀"(Scalpel),1985 年年初具备初步作战能力。

头部特写　　　　　　RT-23 弹道导弹铁路发射车特写

研发历史

20 世纪 70 年代,苏联指示南方设计局研制一种集分导技术、固体推进技术、路基机动技术于一体的弹道导弹和导弹专用列车,即 RT-23 洲际弹道导弹。1982 年 10 月,RT-23 弹道导弹进行了首次飞行试验,因第一级发动机发生故障而失败。此后,又进行了多次试验。1985 年,RT-23 导弹具备初步作战能力,部署在加固地下井中。1987 年 10 月,首列以铁路机动部署的 RT-23 弹道导弹列车投入战斗执勤。2004 年,RT-23 弹道导弹退役。

基本参数	
长度	23.4 米
直径	2.41 米
重量	104.5 吨
有效载荷	4.05 吨
有效射程	11000 千米
相关简介	

实战性能

RT-23 弹道导弹具有命中精度高、弹头威力大、可机动发射,还可以逃避对方探测与监视等特点,是一种有效的打击硬目标的战略核武器。RT-23 弹道导弹是分导式多弹头导弹,可以配备 8～10 枚分导式核弹头,每个弹头的爆炸当量为 10 万吨。该导弹最初部署在地下,后为了进一步提高其自下而上能力,改在铁路发射车上实施机动发射。

趣味小知识

RT-23 弹道导弹是世界上第一种以铁路机动方式部署的陆基洲际弹道导弹,也是世界上第一种以铁道列车作为导弹系统的陆基弹道导弹系统。

Chapter 05 重型火炮和导弹

RT-2PM "白杨" 弹道导弹

RT-2PM "白杨"（Topol）弹道导弹是苏联研制的洲际战略弹道导弹，北约代号为SS-25 "镰刀"（Sickle），1985年开始服役。

基本参数	
长度	29.5米
直径	1.8米
重量	45.1吨
最高速度	21马赫
有效射程	10000千米
相关简介	

研发历史

1975年，"白杨"弹道导弹的研究工作在莫斯科热力研究所开始立项，导弹设计之初为单弹头，后改进为可携带多弹头。1982年10月，"白杨"弹道导弹正式开始研制工作，到1987年12月完成，共进行23次飞行试验，1983年2月和5月的两次飞行试验获得成功。1985年装备部队后，"白杨"弹道导弹还在继续进行系统改进飞行试验。截至2019年，"白杨"弹道导弹仍然在俄罗斯军中服役，已大大超过其最初设计使用寿命。

实战性能

"白杨"弹道导弹采用三级固体火箭发动机，在地下发射井可进行热发射，在地面可用轮式车辆在预先准备好的公路上实施机动发射。该导弹是世界上第一种以公路机动部署的洲际弹道导弹，可携带一枚或多枚分导弹头，射程超过10000千米，飞行速度快，并能作变轨机动飞行，具有很强的突防能力。不过由于所用发射车性能复杂，"白杨"弹道导弹公路机动发射系统不仅作战费用昂贵，操作和维护保养费用也很高。

趣味小知识

"白杨"弹道导弹平时贮存在带有倾斜屋顶的房子里，接到命令后由运输起竖发射车将导弹运送到野外发射阵地上进行发射，紧急情况可打开房顶盖，直接从房子里把导弹起竖发射。

9K720"伊斯坎德尔"弹道导弹

9K720"伊斯坎德尔"（Iskander）导弹是俄罗斯研制的短程战术弹道导弹武器系统，北约代号为SS-26"石头"（Stone），2006年开始装备部队。

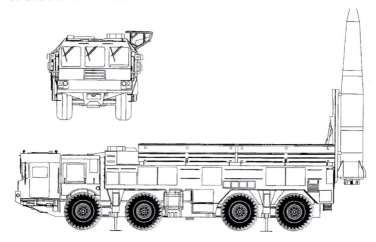

左侧特写

Chapter 05 重型火炮和导弹

尾部特写

研发历史

9K720"伊斯坎德尔"导弹的研制工作始于20世纪末，由俄罗斯机械制造设计局负责设计工作。2005年，"伊斯坎德尔"导弹设计定型并开始批量生产。2006年，该导弹正式服役。除俄罗斯本国使用外，"伊斯坎德尔"导弹还出口到亚美尼亚。

基本参数	
长度	730厘米
直径	92厘米
重量	3.8吨
最高速度	6.2马赫
有效射程	500千米
相关简介	

实战性能

"伊斯坎德尔"导弹主要用于摧毁敌方火力打击系统、防空系统、反导系统、机场和指挥所等点状目标和面状目标。它抗干扰和突防能力强，并具有对付反导系统的能力。目前，"伊斯坎德尔"导弹部署有三种常规弹头，即子母集束弹、钻地弹和破片杀伤弹。"伊斯坎德尔"导弹采用惯性和图像匹配相结合的制导系统，图像匹配制导系统通常用于修正惯性制导在中段和末段的制导误差。

趣味小知识

"伊斯坎德尔"导弹系统由导弹、发射车、装填运输车、指挥车、情报信息处理车、技术勤务保障车以及成套训练设备组成。

RT-2PM2 "白杨 M" 弹道导弹

RT-2PM2 "白杨 M"（Topol M）弹道导弹是俄罗斯在 RT-2PM "白杨" 导弹基础上改进而来的洲际弹道导弹，北约代号为 SS-27 "镰刀 B"（Sickle B），1997 年开始服役。

头部特写

尾部特写

基本参数	
长度	22.7 米
直径	1.9 米
重量	47.2 吨
最高速度	22 马赫
有效射程	11000 千米
相关简介	

研发历史

"白杨 M"导弹是俄罗斯最新一代地对地洲际弹道导弹，是 21 世纪俄罗斯战略核力量的支柱装备，将替换俄罗斯陆基战略核力量现有的数种导弹。该导弹于 1993 年 4 月开始研制，1994 年 12 月首次试射，1997 年 12 月正式服役。使用固定发射井发射的型号为 RS-12M1，使用运输车移动发射的型号为 RS-12M2。

实战性能

"白杨 M"导弹至少可以装载 4 枚 55 万吨 TNT 当量的核弹头，或者安装多达 10 枚的分导弹头，并能作变轨机动飞行，具有很强的突防能力。该导弹依靠三级固体燃料火箭提供的巨大推力，射程超过 1 万千米。"白杨 M"导弹可依靠 MAZ-7310 运输车进行移动，发射后的飞行速度可达 20 马赫以上。

趣味小知识

俄罗斯军方宣称，"白杨 M"导弹的技术性能和作战效能要比美国现役陆基洲际弹道导弹领先 5～8 年，可穿透现有任何一种反导弹防御系统。

Chapter 06

单兵便携式武器

　　苏联是轻武器工业强国,在二战和冷战时期都设计生产了大量性能优异的轻武器。苏联解体后,两大轻武器研发中心——图拉兵工厂和伊热夫斯克兵工厂尽归俄罗斯。因此,与重武器方面的衰退相比,俄罗斯在轻武器设计生产方面依然保有较强的实力。

GSh-18 半自动手枪

GSh-18 手枪是由俄罗斯联邦仪器设计局于 20 世纪 90 年代研制和生产的半自动手枪,被选为俄罗斯军用制式手枪(备用枪械),发射多种 9×19 毫米鲁格弹。

基本参数

口径	9 毫米
全长	184 毫米
枪管长	103 毫米
重量	470 克
弹容量	18 发
相关简介	

研发历史

1998 年,俄罗斯联邦仪器设计局为满足本国军警需求(体积小、质量轻、弹匣容弹量大和射击稳定性好等),开始设计新型手枪。该设计局以 P-96 手枪(1990 年研发的一款军警用大型半自动手枪)为原型,设计出了 GSh-18 手枪。同年,GSh-18 手枪参加了俄罗斯军队从 1993 年开始的新型手枪选型试验。2001 年,GSh-18 手枪被俄罗斯司法部、内政部和军队的特种部队所采用,并开始向国外出口。

实战性能

GSh-18 手枪的设计理念与奥地利格洛克手枪系列类似,整体而言,GSh-18 更像是一种操作简便的警用手枪。GSh-18 手枪大量导入高科技生产技术,以降低生产的复杂性,但由于需要使用现代材料和设备,因此其生产成本远高于 MP-443 手枪。GSh-18 手枪采用了枪管短行程后坐作用,以及枪管凸轮偏转式闭锁结构,套筒和枪管是由不锈钢所制造,枪管具有 6 条多边形膛线。为了操作简便,GSh-18 手枪没有设置手动保险。

趣味小知识

GSh-18 的名字来源于它的设计者格里亚泽夫(Gryazev)和希普诺夫(Shipunov),而数字 18 是表示弹匣容量。

MP-443 半自动手枪

MP-443 手枪是由俄罗斯枪械设计师弗拉基米尔·亚雷金设计、卡拉什尼科夫集团（原伊兹玛什公司）生产的半自动手枪，被俄罗斯军队选为制式手枪（备用枪械）。

基本参数	
口径	9 毫米
全长	198 毫米
枪管长	112.5 毫米
重量	950 克
弹容量	17 发
相关简介	

研发历史

MP-443 手枪的研发工作始于 1993 年，2000 年设计定型。2003 年，MP-443 手枪被俄罗斯军队和执法机关以下的各个部队所采用，与 GSh-18 手枪一样作为制式手枪。2006 年 9 月以后，也成为执法机关的制式手枪，被俄罗斯特警队特别反应小组和内务部防暴警察特种部队特殊用途机动单位所采用。

实战性能

MP-443 手枪是双动操作、短行程后坐作用式半自动手枪，主要部分是由金属制成（不锈钢制枪管，以及碳钢制底把和套筒），而武器的握把护板则是由聚合物所制造。MP-443 手枪的击锤隐藏在套筒内，以防止在拔出手枪时被衣服和装备所缠绕，弹匣释放按钮的位置是在扳机护圈的后部，准星是在套筒上的固定部件，而且不可调节。MP-443 手枪使用 18 发大容量弹匣，为双排左右交错排列，单边出供弹弹式弹匣。总体而言，MP-443 手枪符合人体工程学，具有高度可靠性。

趣味小知识

2008 年 10 月，俄罗斯内政部长计划让俄罗斯警察都装备 MP-443 手枪，但由于财政问题，并且马卡洛夫手枪在俄罗斯的数量仍然非常丰富，只好作罢。

PSS 微声手枪

PSS 微声手枪是苏联中央精密机械工程研究院研制的微声手枪,1983 年开始服役,时至今日仍然被俄罗斯特种部队广泛使用。

主要零部件

研发历史

PSS 微声手枪是专门针对克格勃的特工和苏联陆军中的特种部队而特别研制,1983 年被正式采用,取代了 MSP 手枪和 S4M 手枪两种过时且火力不足的特种武器。苏联解体后,PSS 微声手枪被转交给俄罗斯境内的执法部门和特种部队使用。

实战性能

PSS 微声手枪采用常规手枪的自由枪机式自动原理,但结构比较特殊。PSS 微声手枪的枪管由可活动的弹膛和固定式的线膛组成,弹膛可以后坐 8 毫米,具有单独的弹膛复进簧。它的枪机复进簧安装在套筒内枪管上方部位。发射机构也有特点,配有外露击锤,可单动也可双动击发。

PSS 微声手枪使用的枪弹非常特别,火药和弹头之间有一个活塞,射击时,火药点燃后活塞迅速推动弹头向前运动,但很快活塞被弹壳的肩部挡住,这样噪声和烟雾便被堵在弹壳内,唯一的噪声是弹头飞出枪口后枪的自动操作声。这种子弹的有效射程是 50 米,能够穿透 25 米范围内的标准钢盔。

基本参数

口径	7.62 毫米
全长	165 毫米
枪管长	35 毫米
重量	0.7 千克
弹容量	6 发
相关简介	

趣味小知识

世界上常见的微声手枪大多是在枪管前加装消声器,而 PSS 微声手枪却独辟蹊径,采用了一种独特的 7.62′42 毫米 SP-4 消音弹,通过阻止火药燃气流出达到消声、消焰的目的。

PP-91 冲锋枪

PP-91 冲锋枪是苏联于 20 世纪 90 年代研制的 9 毫米冲锋枪，1994 年开始服役。

研发历史

PP-91 冲锋枪的原型是由叶夫根尼·德拉贡诺夫（SVD 狙击步枪的设计师）在 20 世纪 70 年代初期根据苏联军队的要求而设计的 PP-71 冲锋枪，但后来研制计划被搁置，直到 20 世纪 90 年代初期，俄罗斯警察认为需要增强他们在近距离战斗中的火力，才重新开展小型冲锋枪的计划。伊热夫斯克兵工厂的设计师对 PP-71 冲锋枪进行改进，其成果就是 PP-91 冲锋枪。1994 年，PP-91 冲锋枪开始在兹拉托乌斯特机械厂批量生产。

基本参数

口径	9 毫米
全长	530 毫米
枪管长	120 毫米
重量	1.57 千克
弹容量	20、30 发
相关简介	

实战性能

PP-91 冲锋枪以反冲作用及闭锁式枪机运作，这种设计比起使用开放式枪机的枪械有着更高的精确度。PP-91 全枪均由冲压钢板制作而成，枪身重约 1.6 千克。快慢机位于机匣右边，能够切换到半自动和全自动两种射击模式，在全自动模式时会以约 800 发 / 分的理论射速进行射击。该枪的供弹装置为 20 或 30 发容量的双排弹匣，枪上的可折叠枪托可用于减轻后坐力。与许多现代冲锋枪一样，PP-91 冲锋枪也能装上激光瞄准器和抑制器。

趣味小知识

PP-91 冲锋枪的主要用户包括内务部、安全局、国家近卫军、麻药管制局、司法部和法警局等。

俄罗斯武器大全（图鉴版）

PP-2000 冲锋枪

PP-2000 冲锋枪是俄罗斯研制的 9 毫米冲锋枪，同时兼具冲锋手枪和个人防卫武器的特点，可发射多种 9×19 毫米鲁格弹。

PP-2000 枪口部位特写

PP-2000 枪托部位特写

研发历史

PP-2000 冲锋枪是为适应反恐作战需要而研制的冲锋枪。在与恐怖分子多年的作战中，俄罗斯陆军和特种部队体会到：作战小分队进入城区、山地或丛林地带作战，无法得到重武器火力支援，因而自身需要配备便携的强火力轻武器。图拉仪器设计局了解这种情况后，很快推出了 PP-2000 冲锋枪。2006 年，PP-2000 冲锋枪正式装备部队。

基本参数	
口径	9 毫米
全长	555 毫米
枪管长	182 毫米
重量	1.4 千克
弹容量	20、44 发
相关简介	

实战性能

PP-2000 冲锋枪是一种传统的后坐力操作的武器，适合进行高精度近距离射击。枪身由耐用的单块式聚合物所制造，可以减轻重量和提高耐腐蚀性，枪口可装消声器，机匣顶部的 MIL-STD-1913 战术导轨可装红点镜或全息瞄准镜，快慢机可由大拇指直接操作，拉机柄可以左右转动。总的来说，PP-2000 冲锋枪的设计十分紧凑，从而减小了体积和重量，对提高人机工效、美观度和准确性也有帮助。

趣味小知识

PP-2000 冲锋枪的口径与西方国家流行的 9×19 毫米弹药通用，但主要是发射俄罗斯生产的 7N21 和 7N31 穿甲弹，显然是一种既照顾出口又考虑国内特种部队订单的武器。

AK-74 突击步枪

AK-74 突击步枪是苏联著名枪械设计师卡拉什尼科夫于 20 世纪 70 年代研制的突击步枪，由 AKM 突击步枪改良而成。

步枪弹匣　　　　　　枪管组件

基本参数	
口径	5.45 毫米
全长	943 毫米
枪管长	415 毫米
重量	3.3 千克
弹容量	20、30、45 发
相关简介	

研发历史

20 世纪 60 年代，由于美国 M16 突击步枪的成功，许多国家都开始研制小口径步枪弹及武器。苏联两位枪弹设计师维克多·萨巴尼科夫与利迪亚·布拉夫斯科亚研制了一种 5.6×42 毫米口径的步枪弹，之后发展成 5.45×39 毫米步枪弹。同时，卡拉什尼科夫也开始对 AKM 突击步枪进行改进，缩小口径以发射小口径步枪弹，并研制了一些发射 5.45 毫米步枪弹的试验枪。经过对比后，苏军最终决定采用卡拉什尼科夫研制的突击步枪，新枪被命名为 AK-74 突击步枪，同时由于 5.45×39 毫米步枪弹也是在 1974 年开始批量生产，因此也被称为 1974 型步枪弹。

实战性能

由于使用小口径弹药并加装了枪口装置，AK-74 突击步枪的连发散布精度大大提高，不过单发精度仍然较低，而且枪口装置导致枪口火焰比较明显，尤其是在黑暗中射击。此外，AK 系列枪机撞击机匣的问题依然没有解决，且仍采用缺口式照门，射击精度仍低于一些西方枪械。但 AK-74 突击步枪仍不失为一把优秀的突击步枪，它使用方便，未经过训练的人都能很轻松地进行全自动射击。

趣味小知识

AK-74 突击步枪增加了一个高效的枪口装置，其外表为圆柱形，内部为双室结构，它能有效减少后坐力，并将发射声音往前方扩散。

AK-12 突击步枪

AK-12 突击步枪是俄罗斯卡拉什尼科夫集团针对 AK 枪族的主要缺陷而改进的现代化突击步枪，2012 年首次公开。

研发历史

在俄罗斯国防部宣布将不再采购 AK-74 系列突击步枪之后，卡拉什尼科夫集团便开始为俄军研制新一代制式自动武器。2011 年 8 月，AK-12 突击步枪的研制工作启动。2012 年 1 月，首支样枪推出。2015 年 2 月，俄罗斯国防部选定卡拉什尼科夫集团生产的两种突击步枪——AK-12 突击步枪（5.45×39 毫米）和 AK-103-4 突击步枪（7.62×39 毫米）——作为"战士"现代化单兵作战系统的制式武器。2018 年，AK-12 突击步枪开始批量生产。

基本参数	
口径	5.45 毫米
全长	945 毫米
枪管长	415 毫米
重量	3.3 千克
弹容量	30、60 发

实战性能

AK-12 突击步枪的操作原理虽然是卡拉什尼科夫长行程活塞传动式和转栓式枪机闭锁机构，但重新设计了枪机系统。其拉机柄不再与枪机呈现一体化式设计，而是改为可拆卸式，并可以左右安装。AK-12 突击步枪有半自动、三发点射和全自动三种发射模式，全自动射击的理论射速为 600 发 / 分，而三点发则为 1000 发 / 分。AK-12 突击步枪还改进了枪管膛线，枪管制造精度和结构设计都有所改善，以提高精度以及降低后坐力和枪口上扬。

趣味小知识

AK-12 突击步枪的枪托既可以折叠，又具有 4 段伸缩位置以调节长度。枪托上有托腮板和可上下调节的枪托底板。

Chapter 06 单兵便携式武器

枪托折叠(左)及简单拆卸后(右)的 AK-12 突击步枪

AN-94 突击步枪

AN-94 突击步枪是俄罗斯军队现役的小口径突击步枪,由根纳金·尼科诺夫于 1994 年开始研制,1997 年正式服役。

研发历史

1974 年,苏联陆军开始换装采用小口径 M74 式 5.45×39 毫米枪弹的 AK-74 突击步枪。在阿富汗战争中,苏军面对敌人的游击战术,射击精度不足的 AK-74 突击步枪很难发挥作用。为切实提高 5.45 毫米步枪、枪弹系统的有效性,苏联军方提出研制新式步枪,要求新式步枪在保持 AK-74 突击步枪的可靠性同时,精度比 AK-74 突击步枪高 5～10 倍,并能够安装现有制式配套组件。经过一系列测试后,由伊热夫斯克兵工厂根纳金·尼科诺夫及其团队设计的 AN-94 样枪击败 AEK-971 等竞争对手,被俄罗斯军方采纳。

基本参数	
口径	5.45 毫米
全长	943 毫米
枪管长	405 毫米
重量	3.85 千克
弹容量	30、45 发

实战性能

AN-94 突击步枪的精准度极高,在 100 米距离上站姿无依托连发射击时,头两发弹着点距离不到 2 厘米,远胜于 SVD 狙击步枪发射专用狙击弹的效果。然而,这种高精准度却并非所有士兵都需要,对于普通士兵来说,AN-94 突击步枪的两发点射并没有多大帮助。而且突击步枪在现代战争中多用于火力压制,AN-94 突击步枪与 AK-74 突击步枪所发挥的作用并没有太多差别。尽管 AN-94 突击步枪的内部结构精细,但外表处理比较粗糙,容易磨破衣服或擦伤皮肤。此外,由于俄罗斯士兵长久以来习惯使用 AK 系列步枪,风格迥异的 AN-94 突击步枪让他们需要很长时间才能熟悉。

趣味小知识

AN-94 突击步枪的机械瞄具与之前俄罗斯突击步枪流行的机械瞄具不同,采用柱形准星和旋转式的觇孔照门。

Chapter 06 单兵便携式武器

装有榴弹发射器的 AN-94 突击步枪

俄罗斯武器大全（图鉴版）

枪托折叠的 AN-94 突击步枪

Chapter 06 单兵便携式武器

OTs-14 突击步枪

OTs-14 突击步枪是俄罗斯现役的无托结构突击步枪,使用 9×39 毫米亚音速弹药。

研发历史

OTs-14 突击步枪的研制计划始于 1992 年 12 月,主设计师是维列里·捷列什和尤里·列别捷夫。研发团队以成熟的 AKS-74U 卡宾枪为基础,设计出一款结合了各种近身战斗枪械特点的新武器。在经过近一年的测试后,OTs-14 突击步枪在 1994 年年初开始批量生产,同年 4 月在莫斯科武器展销会中亮相。很快,OTs-14 突击步枪赢得了俄罗斯联邦内务部队和国防部旗下的特种部队的青睐。此后,该枪也被其他部队采用。

基本参数	
口径	9 毫米
全长	610 毫米
枪管长	240 毫米
重量	3.6 千克
弹容量	20 发
相关简介	

实战性能

OTs-14突击步枪是在AKS-74U卡宾枪的基础上改进而来，继承了后者的气动式活塞系统和转栓式枪机闭锁系统，以及气冷枪管、弹匣供弹等特性。OTs-14突击步枪与AKS-74U卡宾枪有75%的部件是可以互换的，主要零件也是从AKS-74U卡宾枪改良所得，并有所简化，以降低生产成本。由于采取了模块化设计，OTs-14突击步枪的任何型号都能通过更换零件迅速变成其他型号，以适应不同任务的需要。

主要零部件

趣味小知识

OTs-14突击步枪采用了无托结构，提高了便携性，并使枪重量平衡，易于单手握持，并可以像手枪一样单手射击。

Chapter 06 单兵便携式武器

AS 突击步枪

AS 突击步枪是苏联于 20 世纪 80 年代研制的特种步枪，发射俄制 9×39 毫米特种弹药。AS 是 Avtomat Spetsialnij 的缩写，意为"特种突击步枪"。

扳机部位特写

基本参数	
口径	9 毫米
全长	875 毫米
枪管长	200 毫米
重量	2.5 千克
弹容量	20 发
相关简介	

研发历史

AS 突击步枪是由彼德罗·谢尔久科领导的研究小组在 20 世纪 80 年代后期研制，它与另一种名为 VSS 的微声狙击步枪为同一系列的武器。AS 突击步枪与 VSS 微声狙击步枪都是以小型突击步枪的机匣为基础研制而成，两者的主要区别是枪托和握把的不同。AS 突击步枪与 VSS 微声狙击步枪在 20 世纪 80 年代后期开始装备部队，均被俄罗斯的侦察部队和特种部队广泛采用。

实战性能

AS 突击步枪采用导气式工作原理，枪机回转闭锁方式，可拆卸的弧形双排盒式弹匣供弹。击锤式击发机构能实现单发或连发射击，保险机构可避免无意扣压扳机或枪膛未闭锁时出现走火。AS 突击步枪配有特制的枪口消声器，可降低射击噪声。它还配有折叠式枪托，并可安装 4 倍的光学瞄准镜和 3.46 倍的夜视瞄准具。该枪发射增强穿甲弹头枪弹时，能够击穿 5 毫米厚钢板或软蒙皮物质，可用于杀伤 400 米内穿有防弹衣的人员。

趣味小知识

AS 突击步枪采用整体式双室消音器，通过发射特制的亚音速重型弹头，比起有效射程相当的微声武器具有更低的噪声，但弹头的终点效能更大。

SVD 狙击步枪

SVD 狙击步枪是苏联枪械设计师德拉贡诺夫研制的半自动狙击步枪,1963 年开始服役,主要用户为苏联和俄罗斯军队,另有 30 多个国家进行仿制或特许生产。

研发历史

1958 年,苏联提出设计一种半自动狙击步枪的构想,要求提高射击精度,又必须保证在恶劣环境下的可靠性,而且必须轻巧紧凑。1963 年,苏军选中了由叶夫根尼·德拉贡诺夫设计的 SVD 半自动狙击步枪,用以代替老旧的莫辛 - 纳甘狙击步枪。由于 SVD 狙击步枪是基于二战和二战后的一些局部战争的经验开发,要求狙击步枪可以平衡精度、射速、重量、可靠、低价各个方面,而且当时的枪械制造技术也较为落后,因此以今天的作战需求来说已开始过时了,常被认为只是精确射手步枪。为了应付不同的任务需要,俄罗斯目前正以各种不同的新型狙击步枪来代替单一的 SVD 狙击步枪。

基本参数

口径	7.62 毫米
全长	1225 毫米
枪管长	620 毫米
重量	4.3 千克
有效射程	800 米
相关简介	

实战性能

SVD 狙击步枪采用导气式工作原理,其发射机构可以看作是 AK-47 突击步枪的放大版本,但是更加简单。为了提高射击精度,SVD 狙击步枪采用短行程活塞的

Chapter 06 单兵便携式武器

设计,导气活塞单独地位于活塞筒中,在火药燃气压力下向后运动,撞击机框使其后坐,这样可以降低活塞和活塞连杆运动时引起的重心偏移。由于 SVD 狙击步枪发射的弹药威力比 AK-47 突击步枪配用的弹药威力大得多,因此重新设计了枪机机头,并强化以承受高压。不过由于只能单发射击,所以击发机构比较简单。

主要零部件

趣味小知识

SVD 狙击步枪在准星座下方有一个刺刀座,可选择性地安装刺刀,这一点与目前绝大多数的狙击步枪都不一样。

SV-98 狙击步枪

　　SV-98 狙击步枪是由俄罗斯枪械设计师弗拉基米尔·斯朗斯尔研制、伊兹马什公司生产的手动狙击步枪，以高精度著称。

枪托组件

Chapter 06 单兵便携式武器

研发历史

20世纪90年代后期，俄罗斯军队已经装备SVD系列狙击步枪多年。虽然SVD狙击步枪有重量轻、坚固耐用的优点，在作为战术支援武器时颇为有效，但毕竟它是专为装备前线部队的特等射手而设计，并且是由AK-47突击步枪的结构改进而成，并没有考虑使用两脚架等辅助配件，因而在中远距离上的精度较差，不适合远距离的精确射击，也不适宜面对人质劫持之类的任务。因此，俄罗斯军队急需装备新型远程狙击步枪。1998年，伊兹马什公司的枪械设计师弗拉基米尔·斯朗斯尔成功研制SV-98手动狙击步枪。

实战性能

SV-98狙击步枪质量较重，有利于减小跳动、提高射击稳定性；采用非自动发射方式，能避免枪机或枪管的运动影响射击精度；多挡可调的脚架和枪托架，能在不同地形稳定架枪；灵活的枪托抵肩板和贴腮板，能让射击更舒适；可拆卸的消声器，既能减小暴露源，又能有效减小后坐；防反光带和消声器上的遮板，可降低被敌人发现的概率。

基本参数	
口径	7.62毫米
全长	1200毫米
枪管长	650毫米
重量	5.8千克
弹容量	10发
相关简介	

趣味小知识

与SVD和VSS狙击步枪强调战术灵活性不同，SV-98狙击步枪的战术定位专一而明确：专供特种部队及执法机构在反恐行动、小规模冲突等场合使用，以隐蔽、突然的高精度射击火力狙杀白天1000米以内、夜间500米以内的重要有生目标。

OSV-96 狙击步枪

OSV-96 狙击步枪是俄罗斯图拉仪器设计局设计制造的重型半自动狙击步枪（反器材步枪），绰号"胡桃夹子"（Cracker）。

基本参数	
口径	12.7 毫米
全长	1746 毫米
枪管长	1000 毫米
重量	11.7 千克
弹容量	5 发
相关简介	

研发历史

OSV-96 狙击步枪是由 20 世纪 90 年代初图拉仪器设计局研制的 12.7 毫米 V-94 试验型反器材步枪改进而成，主要用途是打击距离超过 1000 米的有生目标、反狙击、贯穿厚墙和轻型装甲战斗车辆。OSV-96 狙击步枪主要装备俄罗斯特种部队和在车臣的内政部部队，并出口国外。

实战性能

OSV-96 狙击步枪主要发射 12.7×108 毫米全金属被甲型及穿甲型狙击弹药，以及 B-32 型、BZT 型、BS 型等各式穿甲燃烧弹。此外，也可以通用 12.7 毫米大口径普通机枪弹，但精度会受到影响。该枪能够攻击距离超过 1800 米的敌方人员，以及距离超过 2500 米的战斗物资。OSV-96 狙击步枪的缺点是噪声过大，因此在射击时要佩戴耳塞。

> **趣味小知识**
>
> OSV-96 狙击步枪最明显的特点是它的枪身可以向右折叠，折叠后的枪身缩短至 1154 毫米，方便储藏、携带和运输。

KSVK 狙击步枪

KSVK 狙击步枪是俄罗斯设计并制造的重型无托结构狙击步枪（反器材步枪），主要用途是反狙击、贯穿厚墙和轻装甲车辆。

研发历史

KSVK 狙击步枪是由捷格佳廖夫设计局于 1997 年基于 SVN-98 试验型反器材步枪研发而来，它针对 SVN-98 的缺点进行了多项改进，例如换装新型枪口制退器，增加可折叠的机械瞄准具，可发射专用狙击弹药等。20 世纪 90 年代末，KSVK 狙击步枪开始装备俄罗斯特种部队。

基本参数	
口径	12.7 毫米
全长	1400 毫米
枪管长	1000 毫米
重量	12 千克
弹容量	5 发
相关简介	

实战性能

KSVK 狙击步枪可以通用 12.7 毫米大口径普通机枪弹，也可以使用专门的高精度狙击弹，以提高在远距离上的射击精度。图拉弹药工厂为 KSVK 狙击步枪特别生产了 SPB-12.7 型高精度子弹，拥有不错的射击精度。即便不使用高精度狙击弹，KSVK 狙击步枪能在 300 米距离击中直径 16 厘米的圆靶。

趣味小知识

KSVK 狙击步枪的瞄准系统与 OSV-96 狙击步枪相同。

VSS 狙击步枪

VSS 狙击步枪是苏联于 20 世纪 80 年代研制的微声狙击步枪,VSS 是 Vinovka Snaiperskaja Spetsialnaya 的缩写,意为"特种狙击步枪"。

枪托部位特写

扳机部位特写

研发历史

VSS 狙击步枪其实就是 AS 突击步枪的狙击型,也是由彼德罗·谢尔久科领导的研究小组研制,1987 年开始服役。与 AS 突击步枪一样,VSS 狙击步枪也是专为特种部队研制,已经装备了俄罗斯的特种部队及执法机构的行动单位,而且在各地的武装冲突中得到了广泛的应用。

基本参数	
口径	9 毫米
全长	894 毫米
枪管长	200 毫米
重量	2.6 千克
弹容量	10、20 发
相关简介	

实战性能

VSS 狙击步枪是以 AS 突击步枪为基础改进而来,两者的结构原理完全一样。在外形上,两者的区别主要是枪托和握把的不同。VSS 狙击步枪取消了独立小握把,改为框架式的木质运动型枪托,枪托底部有橡胶底板。此外,两者的弹匣可以通用,但是 VSS 狙击步枪的标准配备是 10 发弹匣。AS 突击步枪虽然也可以发射 SP-6 和 PAB-9 穿甲弹,但主要发射便宜的 SP-5 普通弹。VSS 狙击步枪主要发射 SP-6 穿甲弹,但也可以发射 SP-5 普通弹。

趣味小知识

VSS 狙击步枪曾出现在军事模拟射击游戏《美国陆军 3》中,该游戏强调真实性,其声效、动作捕捉全部由陆军士兵实际演示完成,是志愿参军者入伍前的绝佳训练软件。

Chapter 06 单兵便携式武器

VSK-94 狙击步枪

VSK-94 狙击步枪是俄罗斯设计制造的轻型微声狙击步枪,其尺寸小巧,深受俄罗斯陆军侦察部队和反恐小分队欢迎。

研发历史

20 世纪 90 年代初,俄罗斯图拉仪器设计局自主研发了一种警用近距离作战武器,设计目标是比 AKS-74U 突击步枪更轻、有更好的停止作用和侵彻能力,生产和维护成本也要更低。1994 年,设计完成的 9A-91 突击步枪在图拉兵工厂进行小批量生产,同年交付俄罗斯联邦内务部试用。之后,图拉仪器设计局又研制出 9A-91 突击步枪的狙击枪版本,即 VSK-94 微声狙击步枪。

基本参数	
口径	9 毫米
全长	932 毫米
枪管长	230 毫米
重量	2.8 千克
弹容量	20 发
相关简介	

实战性能

VSK-94 狙击步枪的机匣采用低成本的金属冲压方式生产,以减少生产成本、所需的金属原料和生产所需的时间,且更容易进行维护及维修。该枪发射 9×39 毫米步枪弹,能对 400 米距离内的目标发动突袭。VSK-94 狙击步枪可以安装高效消音器,以便在射击时减小噪声,还能完全消除枪口焰,大大提高射手的隐蔽性和攻击的突然性。该枪的消音效果极好,在 50 米的距离上,它的枪声几乎是听不见的。

趣味小知识

VSK-94 狙击步枪的枪托由塑料制成,可以更换,与小握把是一个整体,在底托上有橡胶垫,可以增强射击时的舒适性。

VKS 狙击步枪

VKS 狙击步枪是俄罗斯设计制造的重型无托微声狙击步枪（反器材步枪），发射 12.7×54 毫米亚音速步枪弹。

研发历史

VKS 狙击步枪是应俄罗斯联邦安全局特种部队的要求开发，2002 年完成设计，同年开始批量生产。该枪的设计意图是要取得比 9 毫米 VSS 狙击步枪更出色的微声射击和贯穿力。VKS 狙击步枪的主要攻击目标是 600 米范围内身穿重型防弹衣或是躲藏在汽车和其他坚硬掩体后方的敌人。

基本参数	
口径	12.7 毫米
全长	1125 毫米
枪管长	450 毫米
重量	5 千克
弹容量	5 发
相关简介	

实战性能

VKS 狙击步枪采用无托结构，将枪机等主要部件放在手枪握把的背后，从而缩短了总长度而不缩短枪管长度，适合在城市反恐作战中使用。与手动步枪一样，VKS 狙击步枪需要以手动方式完成上膛和退膛动作。不过，VKS 狙击步枪使用的手动枪机并非旋转后拉式枪机，而是采用了并不常见的直拉式枪机。

趣味小知识

VKS 狙击步枪的钢制机匣采用金属冲压加工的方式制作而成，机匣前部上方两侧设有 6 个大型散热孔。

Chapter 06 单兵便携式武器

T-5000 狙击步枪

T-5000 狙击步枪是俄罗斯奥尔西公司设计制造的高精度手动狙击步枪，2011年被俄罗斯军方选为新一代制式狙击步枪。

研发历史

奥尔西公司主要生产比赛和狩猎用枪，该公司的武器基本是以公司名称及枪型命名，例如奥尔西狩猎型手动步枪和奥尔西传统型手动步枪等。而同样由奥尔西公司研发的 T-5000 狙击步枪则改变了命名方式。这种步枪可以由执法机构特殊单位以及受过专门训练的军队狙击手使用。2011 年，T-5000 狙击步枪在俄罗斯下塔吉尔国际展会的武器展区上首度展出。

基本参数	
口径	7.62、8.58 毫米
全长	1180 毫米
枪管长	660 毫米
重量	6.5 千克
弹容量	5、10 发
相关简介	

实战性能

为了满足不同战术用途，T-5000 狙击步枪采用了 3 种口径，分别发射 308 温彻斯特、300 温彻斯特-玛格南和 338 拉普阿-玛格南步枪弹。该枪采用数控机床加工制成的机匣，工艺比较先进，使机匣强度和加工精度都有提升。枪机组件也采用高质量不锈钢以数控机床加工制成，枪机表面上设有螺旋状排沙槽，以增加枪机运动的可靠性。T-5000 狙击步枪的击发机构有两种，扳机力分别在 500 克至 900 克可调或 1000 克至 1500 克可调，扳机行程也可以根据射手的喜好去调节。

趣味小知识

2012 年 6 月上旬，俄罗斯"阿尔法"特种部队使用 T-5000 狙击步枪在"军警狙击手世界杯"（Police & military sniper world cup）夺得奖牌。

Pecheneg 通用机枪

Pecheneg(佩切涅格)是俄罗斯中央研究精密机械制造局研制的现代化通用机枪,发射 7.62×54 毫米步枪弹。

枪管组件　　　　　　　　　枪托

通用机枪

研发历史

Pecheneg 通用机枪是中央研究精密机械制造局于 20 世纪 90 年代在 PKM 通用机枪的基础上改进而来的 7.62 毫米通用机枪,1999 年开始装备部队,主要用户为俄罗斯陆军和执法机构的部分特种部队。

实战性能

Pecheneg 通用机枪与 PKM 通用机枪有 80% 的零件可以通用,Pecheneg 通用机枪最主要的改进是使用了一根具有纵向散热开槽的重型枪管,从而消除在枪管表面形成上升热气以及保持枪管冷却,令 Pecheneg 通用机枪更准确更可靠。此外,Pecheneg 通用机枪能够在机匣左侧的瞄准镜导轨上,安装上各种光学瞄准镜或夜视瞄准镜。Pecheneg 通用机枪能够保持 1000 发 / 分的持续射速,或以 50 发 / 分的长点射速度连续射击 600 发子弹,且不会缩短枪管寿命,所有枪管的寿命约 30000 发。

Chapter 06 单兵便携式武器

通用机枪

基本参数	
口径	7.62 毫米
全长	1200 毫米
枪管长	658 毫米
重量	8.2 千克
弹容量	100、200 发
相关简介	

趣味小知识

Pecheneg 通用机枪的名称来自佩切涅格人,一个起源及居住在位于现在的南俄罗斯和乌克兰的草原的一个好战的西突厥分支部落。

Kord 重机枪

Kord 重机枪是俄罗斯捷格加廖夫工厂研制的 12.7 毫米重机枪，设计目的是对付轻型装甲目标。

研发历史

俄罗斯研制 Kord 重机枪的主要原因是当时的俄罗斯完全没有生产任何真正属于自己的重机枪。在苏联解体以前，作为重机枪功能的就是 NSV 机枪。而苏联解体以后，NSV 机枪的主要生产中心位于哈萨克斯坦境内。因此，俄罗斯政府选择捷格加廖夫工厂进行 12.7 毫米重机枪的研发

基本参数	
口径	12.7 毫米
全长	1980 毫米
枪管长	1070 毫米
重量	27 千克
弹容量	50 发
相关简介	

工作，其研发成果就是 Kord 重机枪。1998 年，Kord 重机枪开始装备部队。

实战性能

Kord 重机枪在性能、构造和外观上都类似于 NSV 重机枪，但内部机构已经被重新设计。这些新的设计让它的后坐力比 NSV 重机枪小了很多，也让它在持续射击时有更大的射击精准度。Kord 重机枪的供弹方向可以很容易地改变，由右边供弹改为左边供弹。除了使用开放式可调节机械瞄具以外，Kord 重机枪机匣的尾部左侧还整合了俄罗斯标准的瞄准镜导轨，用以装上 PSO-1 等快拆式光学瞄准镜。

趣味小知识

除了步兵版本，Kord 重机枪还被安装在俄罗斯 T-90 主战坦克以及 T-14 主战坦克的防空炮塔上作为防空机枪使用。

Chapter 06 单兵便携式武器

GP-25 榴弹发射器

GP-25 榴弹发射器是苏联时期设计生产的 40 毫米单发下挂式榴弹发射器,主要下挂于 AK 枪族,发射 40 毫米无弹壳榴弹。

研发历史

GP-25 榴弹发射器于 1966 年开始研制,研制工作持续到 20 世纪 70 年代。1978 年,GP-25 榴弹发射器开始大规模配发至苏军各大部队服役。GP-25 榴弹发射器有 GR-30、GR-30M 和 GR-34 等多种衍生型号,其中 GR-34 是 GP-25 的升级版本,有着更轻、更容易量产、更容易使用和瞄准具更准确的优点。目前,GP-25 系列榴弹发射器仍是俄罗斯军队的制式装备。

基本参数

口径	40 毫米
全长	323 毫米
枪管长	120 毫米
重量	1.5 千克
初速	76 米 / 秒
相关简介	

实战性能

GP-25 榴弹发射器有着类似于其他下挂式榴弹发射器的外观,枪管有 12 条很短的右旋膛线,双动式扳机设计简单,扳机连着一个方便舒适的小型空心橡胶握把,左侧安装有缺口式象限测距瞄准具。枪管的顶部备有连接座,可以直接装上 AK 枪族的枪管下方的刺刀座,而且不需要任何工具。不过,装上了 GP-25 榴弹发射器就无法同时装上刺刀。

趣味小知识

GP-25 榴弹发射器经历了阿富汗、车臣等多次局部战争,表现不俗,它在不占人员编制的情况下,为步兵提供了强大火力支援,受到了军方的好评。

Chapter 06 单兵便携式武器

AGS–17 榴弹发射器

AGS-17 榴弹发射器是苏联时期设计生产的 30 毫米全自动型榴弹发射器，1967 年开始服役，主要用于打击敌方人员、载具。

研发历史

20 世纪 60 年代，美军在局部战争中使用 M203 榴弹发射器取得了显著的效果，苏联由此受到启发。1967 年，苏联图拉仪器设计局开始研制 AGS-17 榴弹发射器。基本型号研制成功后，又开发出直升机用版本，安装在米 -24 "雌鹿" 武装直升机上。目前，AGS-17 榴弹发射器仍然是俄罗斯步兵部队使用的直接火力支援武器，主要提供给连级部队使用。必要时，俄罗斯特种部队也会使用 AGS-17 榴弹发射器。

基本参数	
口径	30 毫米
全长	840 毫米
枪管长	290 毫米
重量	31 千克
枪口初速	185 米 / 秒
相关简介	

实战性能

AGS-17 榴弹发射器是后膛装填式全自动武器，具有使用灵活、携行方便的优点，可根据战术需要实施单发、连发射击，以及实施平射或曲射射击。AGS-17 榴弹发射器配有机械瞄准具和光学瞄准镜。一般情况下使用机械瞄准具，远距离时使用光学瞄准镜。光学瞄准镜的放大倍率为 2.7 倍，并具有夜间照明的功能。AGS-17 榴弹发射器主要发射苏联生产的 30 毫米 VOG-17 杀伤榴弹，以及有所改进的 VOG-17M 和 VOG-30 榴弹。

趣味小知识

阿富汗战争期间，AGS-17 榴弹发射器是最受苏军欢迎的地面支援武器之一，有些士兵还在装甲运兵车和卡车的车顶上安装了简易支架，并使其作为车辆武器。

AGS-30 榴弹发射器

AGS-30 榴弹发射器是苏联设计的 30 毫米自动榴弹发射器,由 AGS-17 榴弹发射器改进而来,发射 30×29 毫米无弹壳榴弹。

基本参数	
口径	30 毫米
全长	1165 毫米
枪管长	290 毫米
重量	16 千克
枪口初速	185 米/秒
相关简介	

研发历史

AGS-30 榴弹发射器和 AGS-17 榴弹发射器一样是班用步兵支援武器,设计上是安装在三脚架上或安装在装甲战斗车辆上。AGS-30 榴弹发射器同样由图拉仪器设计局设计,研制工作始于 20 世纪 90 年代初,但直到 1999 年才开始批量生产。除俄罗斯外,亚美尼亚、阿塞拜疆、孟加拉国、印度和巴基斯坦等国也有采用。

实战性能

AGS-30 榴弹发射器的结构原理基本上是由 AGS-17 榴弹发射器改进而来,同样是后坐式枪机,可选择单发或连发。另外,弹药和弹链也与 AGS-17 榴弹发射器相同。不过,AGS-30 榴弹发射器的握把是安装在三脚架的摇架上,而不是发射器上,扳机则位于右侧握把上。标准瞄准具具有 2.7 倍放大倍率的 PAG-17 光学瞄准具和后备机械瞄具。新设计的轻巧三脚架能提供更宽广的射击角度。而减轻重量后的 AGS-30 榴弹发射器的火力、杀伤力和弹道性能与 AGS-17 榴弹发射器一样。此外,AGS-30 榴弹发射器的操作和维修也大大简化了。

趣味小知识

与 AGS-17 榴弹发射器相比,AGS-30 榴弹发射器的重量几乎是前者的一半,所以 AGS-30 榴弹发射器只由一个人就可操控,也可一个人携带,在战斗中转移阵地更方便,部署在室内战斗时也更机动。

RG-6 榴弹发射器

RG-6 榴弹发射器是俄罗斯图拉仪器设计局生产的轻型双动操作六发肩射型榴弹发射器,发射 40 毫米无弹壳榴弹,1994 年开始服役。

RG-6 榴弹发射器瞄具特写

RG-6 榴弹发射器弹仓特写

研发历史

RG-6 榴弹发射器的设计目的是针对车臣战争的经验,为战斗小分队在城市战斗中提供一种压制火力的步兵支援武器,填补下挂式榴弹发射器(GP-25)和自动榴弹发射器(AGS-17)之间的火力空白。1994 年,RG-6 榴弹发射器开始批量生产,最初装备俄罗斯陆军和内务部的特种部队和特遣队。之后,RG-6 榴弹发射器逐渐在俄罗斯军队的各个部队中广泛使用。

基本参数	
口径	40 毫米
全长	690 毫米
全宽	145 毫米
重量	6.2 千克
枪口初速	76 米 / 秒
相关简介	

实战性能

RG-6 榴弹发射器的原理其实是参考南非连发式榴弹发射器(MGL),也是用卷簧驱动 1 个 6 发转轮弹仓。不同的是 RG-6 榴弹发射器使用俄罗斯的 40 毫米无弹壳榴弹,包括 VOG-25 榴弹和 VOG-25P 榴弹。在具体结构和操作方式上,RG-6 榴弹发射器和 MGL 也有着较大的区别。RG-6 榴弹发射器使用的是立式标尺机械瞄具,不使用时立式标尺和片状准星均可折叠。由于没有整合或装上瞄准镜导轨,因此不能装上光学瞄准镜。总的来说,RG-6 榴弹发射器的设计比较粗糙,但胜在可靠和持久,而且容易拆卸清洗和润滑。

趣味小知识

RG-6 榴弹发射器可以迅速发射 6 发榴弹覆盖目标区域,尤其适合伏击行动,而重量和尺寸又比自动榴弹发射器要小,方便徒步携带。

DP-64 榴弹发射器

DP-64 榴弹发射器是苏联研制的特殊用途双管榴弹发射器,目前仍在俄罗斯军队中服役。

研发历史

DP-64 榴弹发射器的研制工作始于 1989 年,1990 年开始批量生产。DP-64 榴弹发射器主要装备海军特种部队和海军步兵,用于保护沿海设施。这种武器还能够在直升机上使用,从而以更大面积进行巡逻,以保护目标。除苏联和俄罗斯外,DP-64 榴弹发射器还被越南和哈萨克斯坦军队采用。

基本参数

基本参数	
口径	45 毫米
全长	820 毫米
全宽	110 毫米
重量	10 千克
弹容量	2 发

实战性能

DP-64 榴弹发射器的主要组成部分包括 1 个巨大的聚合物制枪托,以及 2 支枪管,此外还有 1 个前握把,用于稳固武器。枪托配有 1 个用于降低后坐力的橡胶垫。枪管上方有两种不同的金属机械瞄具。DP-64 榴弹发射器采用后膛装填式设计,操作起来就像一把大型中折式双管猎枪一样。

趣味小知识

DP-64 榴弹发射器主要配备 FG-45 高爆榴弹和 SG-45 信号榴弹,有效射程可达 400 米。

Chapter 06 单兵便携式武器

GM-94 榴弹发射器

GM-94 榴弹发射器是俄罗斯设计生产的一种泵动式操作的榴弹发射器，目前正被俄罗斯联邦安全局和俄罗斯内务部的特种部队所使用。

基本参数	
口径	43 毫米
全长	810 毫米
重量	4.8 千克
枪口初速	85 米/秒
有效射程	300 米
相关简介	

研发历史

20 世纪 90 年代，由于 VOG-25 和 VOG-25P 这两种榴弹都不能在城市战中提供足够的破坏效果，俄罗斯军队开始考虑换装新的榴弹发射器，并提出了以下要求：暴露的外部特征要少；可以在封闭空间内有效射击；机动性强；射速高；射击精度和密集度好。根据这些要求,图拉仪器设计局根据"猞猁"霰弹枪的特点所设计出来的 GM-94 榴弹发射器脱颖而出。GM-94 榴弹发射器的设计目的是满足俄罗斯特种部队的战斗需求,它的作战目标是让射手在城市战之中可以发射高爆榴弹或者非致命性榴弹。

实战性能

GM-94 榴弹发射器采用击针自动扳起式击发机构,只有手指扣动扳机时,击针簧才处于待击状态,这样就保证了武器在膛内有弹的情况下仍然可以安全携带。GM-94 榴弹发射器的肩托折叠起来可作为携行时的提把,武器从行军状态转换到战斗状态只需一两秒钟。目前,大多数国家军队及警察部队装备的单发手动榴弹发射器均采用 40 毫米口径,而 GM-94 榴弹发射器则采用 43 毫米口径。GM-94 榴弹发射器从下方抛壳,这一点对于在建筑物、交通工具中使用武器来说十分重要,甚至对于左撇子射手来说也很方便。

GM-94 榴弹发射器及其弹药袋

趣味小知识

由于 GM-94 榴弹发射器采用泵动式设计,所以射手通过向前推动发射管就可以完成重新装填,这种设计减小了武器本身的体积和质量,也减少了零部件和装配单位的数量。

RPG-7 反坦克火箭筒

RPG-7 火箭筒是苏联时期研制的单兵反坦克火箭筒，1961 年开始服役，主要用于近距离打击坦克、装甲车辆和摧毁工事。

基本参数	
口径	40 毫米
全长	950 毫米
重量	7 千克
初速	115 米/秒
有效射程	200 米
相关简介	

研发历史

20 世纪 50 年代末，随着世界各国主战坦克的装甲性能不断改进和提高，苏军装备的 RPG-2 火箭筒的威力已明显不足，而且射程近，喷火焰大。因此，苏联开始研制 RPG-2 火箭筒的替代装备，其成果就是 RPG-7 火箭筒。该火箭筒于 1961 年开始批量生产，到 1966 年为止，全面取代了 RPG-2 火箭筒。除装备苏军外，RPG-7 火箭筒还大量装备其他国家的军队。

实战性能

RPG-7 火箭筒由发射筒、瞄准具、手柄、护板、背带、两端护套、握把以及发射机构、击发机构、保险装置等组成。RPG-7 火箭筒的有效射程为 200 米，最大射程为 1000 米。穿甲能力依据目标距离不同，轧制均质装甲的穿甲厚度为 350 毫米到 400 毫米。这种火箭筒不仅能对运输车辆、坦克、装甲车等陆地交通工具构成相当威胁，对于造价昂贵的航空器，如直升机、低空飞行的攻击机等也能造成杀伤。

趣味小知识

RPG-7 火箭筒的发射筒采用合金钢制成，前端有火箭弹定位销缺口，后端有护盘。筒身顶部有准星座和表尺座，筒身左侧有光学瞄准镜固定板。

SPG-9 无后坐力炮

SPG-9 无后坐力炮是苏联于 20 世纪 60 年代研制的一种步兵用反坦克武器，取代之前装备的 82 毫米 B-10 无后坐力炮，主要装备摩托化步兵营。

基本参数

口径	73 毫米
全长	2110 毫米
全高	800 毫米
重量	47.5 千克
枪口初速	435 米/秒
相关简介	

研发历史

SPG-9 无后坐力炮是苏联在 RPG-7 火箭筒及其弹药的基础上改进设计而成，主要任务是摧毁坦克、步兵战车和杀伤有生目标。1962 年，SPG-9 无后坐力炮开始装备摩托化步兵营的反坦克排，每排装备两具，目的是与 AT-3 反坦克导弹一起构成营、团两级反坦克火力系统，以取代 B-10 无后坐力炮、B-11 无后坐力炮和 M43 式 37 毫米反坦克炮。随后，又研制成 SPG-9D 式 73 毫米火箭筒，主要装备空降部队。

实战性能

SPG-9 无后坐力炮是一种架设在三脚架上的滑膛无坐力炮，口径为 73 毫米。虽然名为无坐力炮，但其发射的 PG-9 破甲弹事实上是一种火箭增程弹，发射药将弹体推出炮口后火箭发动机点火推动炮弹继续飞行，这和 RPG-7 火箭筒的弹药极其类似，因此 SPG-9 无后坐力炮更类似于一种重型火箭筒。SPG-9 无后坐力炮由 2 名士兵操作，通常由 2 人携带，也可用带 2 个小轮的炮架拖运。

趣味小知识

SPG-9 无后坐力炮采用后膛装填方式，装弹时可把尾喷管向左侧移开，装弹后再移回原位锁定。机械式发射、击发机构与 RPG-7 火箭筒相似。

Chapter 06 单兵便携式武器

9M14"婴儿"反坦克导弹

9M14"婴儿"导弹是苏联设计生产的步兵反坦克武器，主要装备苏军摩托化步兵营的反坦克排和空降部队，北约代号为 AT-3"赛格"（Sagger）。

基本参数	
直径	125 毫米
全长	860 毫米
总重	10.9 千克
弹头重量	2.6 千克
最大速度	130 米/秒
相关简介	

研发历史

9M14"婴儿"导弹由位于柯洛姆纳的涅波别季梅机械制造设计局于 20 世纪 50 年代后期开始研制，车载原型及改进型分别于 1961 年和 1963 年开始服役，装备苏联的装甲战车，1965 年 5 月首次出现在莫斯科红场举行的阅兵式上。随后，机载改进型于 1968 年开始服役，装备苏联的多种武装直升机。该系列导弹直到 20 世纪 80 年代初才停产，总生产量超过 2 万枚。时至今日，俄罗斯军队仍然在使用 9M14"婴儿"导弹。

实战性能

9M14"婴儿"导弹是苏联第一代反坦克导弹中性能较好的一种，曾大量出口到第三世界国家，并在历次局部战争中广泛使用。但它的飞行速度较小，易受风力影响，死角区域较大，最小射程 500 米，不能攻击距离太近的目标，射手操作比较困难。20 世纪 70 年代以后，苏联对它进行重大改进，改用红外自动跟踪方式，减轻了射手的负担，命中率由 60% 提高到 90%。

趣味小知识

9M14"婴儿"导弹系统由导弹、发射装置、制导装置组成。弹体用玻璃纤维制成，后部 4 片尾翼略成倾斜状，使导弹飞行中通过旋转保持稳定。

9M131 "混血儿–M" 反坦克导弹

9M131 "混血儿-M" 导弹是俄罗斯研制的便携式反坦克导弹，1992年开始服役，北约代号为AT-13 "萨克斯2"（Saxhorn-2）。

基本参数	
直径	130 毫米
全长	980 毫米
总重	13.8 千克
弹头重量	4.95 千克
最大速度	200 米/秒
相关简介	

研发历史

1979年，苏联研制出 "混血儿-1"（Metis-1）反坦克导弹系统（使用9M115导弹），用来强化基层部队的反坦克能力，其北约代号为AT-7 "萨克斯"。1990年，又推出了 "混血儿-2" 反坦克导弹系统，改用尺寸较大的9M131型导弹，增加了有效射程。1992年，图拉仪器设计局又在 "混血儿-2" 导弹基础上研发出适于城市作战的9M131 "混血儿-M" 导弹系统，1996年又根据车臣城市战的经验教训对它进行了改进。

实战性能

"混血儿-M" 导弹采用半自动指令瞄准线制导，作战反应时间为8～10秒。该导弹的攻击力来自两种战斗部。一种是改进型9M131导弹，采用重4.6千克的串联空心装药，可对付爆炸式反应装甲，在清除反应装甲后还能侵彻800～1000毫米厚的主装甲。另一种是用于对付掩体及有生力量的空气炸弹，采用燃料空气炸药战斗部，可对付掩体目标、轻型装甲目标和有生力量。

单兵便携式武器

趣味小知识

"混血儿-M"导弹方便在城市作战中快速运动携带,攻击装甲目标击毁率高,具有多用途使用特点,成本低且利于大量生产装备。

AKM 刺刀

AKM 刺刀是苏联 AK-47 刺刀的改进型，也是世界上最早的多功能刺刀。这种刺刀现在也装在 AK-74 突击步枪和 SVD 狙击步枪上，刀柄、外形略有改进。

基本参数	
全长	290 毫米
刀刃长	163 毫米
刀刃厚	3 毫米
刀身宽	29 毫米
重量	450 克
相关简介	

研发历史

1959 年，苏联开始生产 AK-47 突击步枪的改进型 AKM 时，根据战时士兵对刀具既要作为工具又要作为刺刀的要求，设计出了 AKM 刺刀。该刀 "刀 + 鞘 = 剪" 的结构，深深影响了以后各国多用途刺刀的设计，著名的德国 KCB 77 刺刀和美国 M9 刺刀都有 AKM 刺刀的启发。目前，AKM 刺刀已经发展了三代，即 AKM1、AKM2 和 AKM3，其中 AKM3 于 1984 年开始装备部队，截至 2019 年仍在服役。

实战性能

AKM 刺刀无论在设计、结构还是在实用性能上都比较成功。AKM 刺刀的刀柄和刀鞘由高品质电木制成，耐高压、高温和腐蚀，刀刃为高碳工具钢锻压生成，强度极高。AKM 刺刀将刀刃与刀鞘通过刀刃孔和刀鞘卡笋结合即可成为剪刀，可带电剪切电线。刀刃背面设计有锯齿，在战场上可以提高士兵破除障碍的能力。通过护手上方的枪口定位环、握把中央内凸起和握把后卡笋可将刺刀与步枪连接，多点定位，非常结实。

趣味小知识

与 AK-47 刺刀不同的是，AKM 刺刀装上刺刀座时刀刃是向上的，拼刺时主要是挑，而不是刺。

装在步枪上的 AKM 刺刀

AKM 刺刀与其刀鞘

参 考 文 献

[1] 郭秋呈. 当代俄罗斯军队装备 [M]. 北京：国防大学出版社，2013.

[2] 陈建民. 蜕变之痛：艰难转型中的俄罗斯军队 [M]. 重庆：重庆出版社，2007.

[3] 西风. 苏联 / 俄罗斯军用飞机大全 [M]. 北京：中国市场出版社，2014.

[4] 李大鹏. 新俄军观察 [M]. 北京：新华出版社，2015.

世界武器鉴赏系列

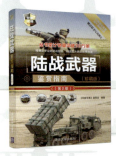

世界武器鉴赏系列

手枪与冲锋枪 鉴赏指南（第2版）

步枪与机枪 鉴赏指南（第2版）

海军陆战队武器 鉴赏指南（第2版）

作战飞机 鉴赏指南（第2版）

全球火炮 鉴赏指南（第2版）

全球导弹 鉴赏指南（第2版）

世界徽章 鉴赏指南（第2版）

世界军服 鉴赏指南（第2版）

军用辅助舰艇 鉴赏指南（第2版）

军用辅助飞机 鉴赏指南（第2版）

主战舰艇 鉴赏指南（第2版）

航空母舰 鉴赏指南（第2版）

民用飞机 鉴赏指南（第2版）

军用车辆 鉴赏指南（第2版）

航天器 鉴赏指南（第2版）

反恐装备 鉴赏指南（第2版）

新军迷系列丛书

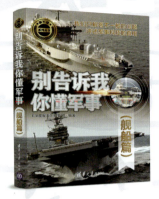